ビジュアル版 介護予防マニュアル 6

楽しく続ける

尿失禁予防のアクティビティ
～運動器の機能向上に～

財団法人 東京都高齢者研究・福祉振興財団／監修

東京女子医科大学 看護学部 地域看護学
東京都老人総合研究所 介護予防緊急対策室 客員研究員
　　　　　　　　　　　　　　　　中田晴美
東京都老人総合研究所 自立促進と介護予防研究チーム
　研究副部長　金 憲経／著

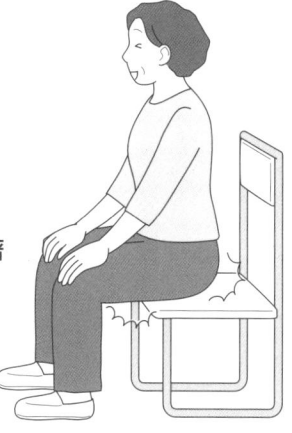

【はじめに】

　高齢者における尿失禁は、介護予防活動の中で見逃されがちなターゲットです。転倒や認知症を予防することが介護予防に繋がるということはすぐに理解できると思いますが、ではなぜ尿失禁予防が介護予防と結びつくのでしょうか。

　元気に生活している高齢者の約2割に尿失禁がみられ、男性より女性の方が尿失禁を起こしやすいと言われています。尿失禁を起こすと、尿もれのみならず高齢者の身体的・心理的・社会的活動が制限されるといった状態を引き起こすため、尿失禁を予防していくことが介護予防に繋がっていくのです。

　ひと言で尿失禁と言ってもさまざまなタイプがあり、どこから介入すればよいか迷うと思いますが、まずは尿失禁のリスクが高い女性を対象にし、その要因の大半を占める腹圧性尿失禁を予防していくことが第一のターゲットだと考えられます。この腹圧性尿失禁の予防には、骨盤底筋を鍛える体操を実践するとともに生活習慣を見直していくことがポイントです。さらに、尿失禁がある高齢者は身体機能も低下しているため、全身の運動器の機能向上を目指して介入していくことが重要なのです。

　地域には尿失禁のため一人で悩んでいる高齢者が潜んでいます。尿失禁を予防していくことは、高齢者のQOLを高めるための不可欠な要素です。高齢者の運動器の機能向上トレーニングの中に尿失禁予防も取り入れてみましょう。

東京女子医科大学 看護学部 地域看護学
東京都老人総合研究所 介護予防緊急対策室 客員研究員
　　　　　　　　　　　　　　　　中田晴美

【本書の特長と使い方】

　本シリーズは、介護予防について豊富な研究データと実績を誇る東京都老人総合研究所が編著に関わった、本格的な『介護予防マニュアル』です。財団法人　東京都高齢者研究・福祉振興財団によるベストセラー『介護予防完全マニュアル』『続・介護予防完全マニュアル』をテーマごとに分かりやすくビジュアル化し、すぐに介護予防プログラムの実施に移行できる構成をとっています。

　本書では、要介護の大きな原因となっている"尿失禁"に焦点を当て、「最新の研究成果に基づいた」「楽しく続けられる」具体的な介護予防のための尿失禁予防アクティビティを多数掲載しています。
　今後、"予防"重視となる介護保険に対応していくために、介護に関わる全ての方に役立つ内容となっています。

■尿失禁予防プログラムとして組み立てやすい内容■

①ただのアクティビティの羅列ではなく、「尿失禁予防プログラム」として構成しやすい！

●序章「老研式尿失禁予防プログラム概要」(P9)、「老研式尿失禁予防プログラムの流れ」(P10)、「老研式尿失禁予防プログラムのスケジュール例」(P11)から、介護予防プログラムとしての概要とスケジュールの流れを把握してください。そして流れに当てはまるようプログラムを作成して、尿失禁予防活動の実施に備えます。
　実際の活動は、基本的に"講習"と"尿失禁予防・改善トレーニング"から構成されます。P11のスケジュール表に従って、8回分のプログラムを組んでください。
　トレーニングについては、徐々に負荷の高いものを選んでいくとよいでしょう。
　適宜、工夫をして独自のプログラムを考えてみましょう。原則月2回・全8回（約3ヶ月間／「事前・事後評価」含む）のプログラムが作成できます。

②講習と体操の両面で、参加者の納得度が高まります！

●なぜ尿失禁予防が大切なのか、そのためには何が必要なのかを、講習で理解していただいたうえで体操に取り組むことにより、参加者の意欲向上に繋がります。

■第1章と第2章の簡単な内容説明■

①「第1章：講習内容（尿失禁予防の大切さを伝える解説）」は、参考になる流れであらかじめ構成！

●本書の尿失禁予防プログラムでは、全8回それぞれにテーマを想定しています。講習はそのうち6回に含まれ、それぞれに対応しており、また各講習について、そのまま読み進めるだけでアクティビティとして使えるよう、あらかじめ構成しています。各回、そのまま選び出す、また要素を抜き出してみるなど、工夫の幅が広がる構成です。

②「第2章：尿失禁予防・改善トレーニング」の体操は3つの分類から成り、組み立てを想定しやすい！

●第2章の体操は「準備体操」「骨盤底筋体操」「筋力向上トレーニング（①②とボールを使った運動）」の3つから構成しています。尿失禁予防・改善トレーニングとしては特に「骨盤底筋体操」が重要となります。
　まずはこの体操で骨盤底筋を鍛え、尿もれを軽減させ、その後に筋力向上トレーニングで筋力を鍛えていく、という流れになります。
　また、筋力向上トレーニングは順番に負荷が高くなるように掲載しています。この流れを参考にして、プログラムを組んでみましょう。さらに、各々の体操には、取り組みやすくなる体操名をつけてみました。一人で、またはみなさんで、楽しくトレーニングを続けていただきましょう。

【目次】

【序章】尿失禁予防アクティビティに取り組む前に

- ●①・尿失禁予防について……6
- ●②・老研式尿失禁予防プログラム概要……9
- ●③・老研式尿失禁予防プログラムの流れ……10
- ●④・老研式尿失禁予防プログラムのスケジュール例……11
- ●⑤・評価・判定について……12

【第1章】講習内容（尿失禁予防の大切さを伝える解説）

- ●①・「尿失禁」について①……16
- ●②・「尿失禁」について②……18
- ●③・「尿失禁」について③……20 ⎫ プログラム1回目の講習内容として →P11参照
- ●④・「尿失禁」について④……22 ⎬ （『「排尿日誌」について』は1・6回目の講習内容として →P11参照）
- ●⑤・「尿失禁」について⑤……24
- ●⑥・「排尿日誌」について……26 ⎭
- ●⑦・「骨盤底筋」について……28 ⎯ プログラム2回目の講習内容として →P11参照
- ●⑧・「栄養指導」について①……30 ⎫ プログラム3回目の講習内容として →P11参照
- ●⑨・「栄養指導」について②……32 ⎭
- ●⑩・「体調チェック票」を活用する……34 ⎯ プログラム3～6回目の講習内容として →P11参照
- ●⑪・「生活指導」について①……36 ⎫
- ●⑫・「生活指導」について②……38 ⎬ プログラム4・5回目の講習内容として →P11参照
- ●⑬・「生活指導」について③……40 ⎭
- ●⑭・「医療相談」について①……42 ⎫ プログラム6回目の講習内容として →P11参照
- ●⑮・「医療相談」について②……44 ⎭
- ●第1章のまとめ…運動習慣を定着させるために…⎯ プログラム3～6・8回目の講習内容として →P11参照……46

【第2章】尿失禁予防・改善トレーニング

【準備体操】……48

【骨盤底筋体操】……52
- ●座って収縮体操～座位～……55
- ●寝たまま収縮体操～仰臥位（仰向け）～……56
- ●立ったまま収縮体操～立位～……57
- ●いつでも・どこでも 骨盤底筋体操……58

【筋力向上トレーニング（骨盤底筋補強）】……60

筋力向上トレーニング①
- ●膝ぴた、ぎゅ～っ～膝合わせ閉め～……61
- かかと上げ膝ぴた、ぎゅ～っ～踵を上げながら膝合わせ閉め～……61
- 前後に骨盤ゆりかご～骨盤の前後上げ～……62
- 左右に骨盤ゆりかご～骨盤の左右上げ～……62

- ●どっしり足踏み～片膝上げ・胸寄せ（左右）～ …… 63
  膝バッタ～両膝上げ・胸寄せ～ …… 63
- ●膝のしゃくとり虫～片足上げ・閉め～ …… 64
  両足ブイの字屈伸～両足前後・左右移動～ …… 65
  足組み体操～足上げ・片膝曲げ～ …… 65

筋力向上トレーニング②

- ●骨盤振り子時計（前後）～骨盤の前後持ち上げ下げ～ …… 66
  骨盤振り子体操（左右）～骨盤の左右持ち上げ下げ～ …… 66
  骨盤ジンジン緊張体操～中腰～ …… 67
- ●ヨイショの荷物上げ下ろし～重心の持ち上げ下げ～ …… 68
  背中・脚裏すべり台～膝曲げ・重心上げ下げ～ …… 68
  もも絞り～上体回し～ …… 69
- ●足裏合わせ上げ下げ～足の上げ下げ～ …… 70
  膝パタパタ開き閉じ～足上げ膝の開閉～ …… 70
  その場スキーヤー～両膝左右倒し～ …… 71
  その場でお尻行進～骨盤の左右上げ～ …… 71
- ●膝抱え体操～仰向けひざ胸寄せ～ …… 72
  頭も一緒に膝抱え体操～仰向け膝胸寄せ・頭上げ～ …… 72
- ●股開き足浮かせ～仰向け足上げ下げ～ …… 73
  股開きパタパタ～仰向け足上げ・膝開閉～ …… 73
- ●おへそブリッジ～仰向け腰上げ下げ～ …… 74
  股開きおへそブリッジ～仰向け膝開き腰上げ下げ～ …… 74
  横向き膝抱え体操～横向け両膝胸寄せ～ …… 75
  おへそ覗き腹筋～上体起こし～ …… 75

ボールを使った運動

- ●ボール"ブラーン"体操～足の前後移動～ …… 76
  ボールが左右へ"ブラーン"体操～足の左右移動～ …… 76
- ●まっすぐボールキャッチャー～ももの前面～ …… 77
- ●ボールキャッチャー～下腹部・付け根～ …… 78
- ●膝ぴた、ぎゅ～っ（ボール）～ももの内側～ …… 79
  ボールキャッチャー（座って）～両足上げ～ …… 80
  何度もボールキャッチャー（座って）～足上げ・胸寄せ～ …… 80
- ●寝転んで膝ぴた、ぎゅ～っ（ボール）～ももの内側・お尻など～ …… 81

【付録】尿失禁予防活動に役立つ付録集

- ●付録1・尿失禁予防・改善トレーニング 実践記録カード …… 83
- ●付録2・尿失禁予防教室 事前・事後アンケート …… 86
- ●付録3・尿失禁予防プログラム 身体・体力測定票 …… 93
- ●付録4・骨盤底筋体操記録カード …… 94
- ●付録5・事前事後評価結果用紙 …… 95

本文イラスト／松本奈緒美・レイアウト．編集協力／堤谷孝人、堤谷千尋・協力／渡　宏・企画編集／安藤憲志、長田亜里沙

【序章】
尿失禁予防アクティビティに取り組む前に
■ 事前に把握しておきたい事柄・情報など

尿失禁予防アクティビティに取り組む前に①

■事前に把握しておきたい事柄・情報など

尿失禁予防について

■プログラムを始める前に、まずは「尿失禁予防」とはどのようなものなのかを把握しましょう。

●尿失禁がもたらす問題点

高齢者の生活の不具合として起こる尿失禁は、直接生命に関わらないとはいえ、「恥ずかしい」という羞恥心や「歳だから仕方ない」という諦めの気持ちから、どこにも相談できずに長期間にわたって悩んでいる人が少なくありません。

尿失禁は、疾患や日常生活活動（ADL）の障害・心因性反応など、いろいろな要因が絡み合って起きます。ひとたび尿失禁を起こすと、身体的・心理的・社会的な側面に多大な影響をおよぼし、高齢者の日常生活の質を低下させるだけではなく、介護予防活動の1つの目標となっている閉じこもりの要因となったり、さまざまな活動制限を起こすことも予測されます。

尿失禁は、高齢者の全身状態の悪化によって出現しているように思われますが、尿失禁経験者の生命予後が悪いという報告があるように[1]、尿失禁によって高齢者にさまざまな負担がかかり、その結果、さらに全身状態が悪化するという悪循環を起こしていると考えられます。そのため、尿失禁を早期に予防・改善していくことは、寝たきり予防につながるのです。

また、尿失禁は本人のみならず、介護者の介護負担感を増加させる要因として「排泄の介助」が挙げられているように[2]、介護者に身体的・精神的苦痛を与えることも大きな問題となっています[3]。

●尿失禁の定義

国際尿禁制学会（International Continence Society：ICS）によると、尿失禁とは「社会的・衛生的に問題となる、不随意に起こる尿もれで、客観的に証明された状態」と定義されており[4]、この定義が一般的に用いられます。

●高齢者の尿失禁の現実

これまでの高齢者における尿失禁に関する調査では、調査方法や尿失禁をどのように定義しているかによって、尿失禁を経験した人の割合が異なってきますが、地域在宅高齢者では、調査対象者の約1割〜2割、病院や施設に入所している人では約5割に尿失禁があると言われています。また、ほとんどの調査で年齢が高くなるにつれて尿失禁を経験した人が増加し、男性より女性の割合が多くなっています[4]。

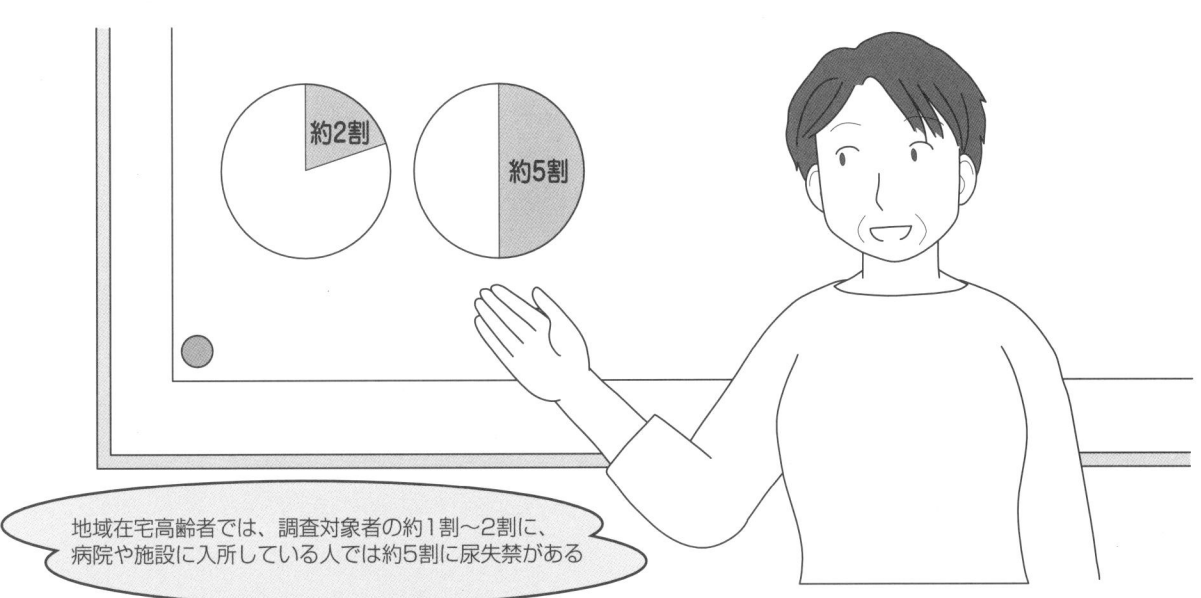

地域在宅高齢者では、調査対象者の約1割〜2割に、病院や施設に入所している人では約5割に尿失禁がある

●尿失禁を予防するための対策

尿失禁の要因は多様で（「尿失禁の4つのパターン」についてはP18を参照）、それぞれ対処方法が異なるため、どこから介入したらよいか迷いがちです。しかし、尿失禁を起こすと尿もれだけでなく、その他精神的な事柄など高齢者へ多大な影響をもたらすため、いつまでも健康でよりよい生活を送るのに、尿失禁を予防・改善していくことはとても重要です。

そこで、地域在宅高齢者に対する尿失禁予防対策を推進していくために、まずは、尿失禁のリスクが高い女性を対象として、その大半を占める腹圧性尿失禁を予防・改善していくことが第一のターゲットだと考えられます。

さらに、尿失禁発症に関連する危険因子として「通常・最大歩行速度、握力、片足立ち時間（開眼）が有意に悪い」「（その中でも）特に、握力の低下が指摘」されているように[5]、尿失禁がある人は総合的な運動機能も低下している可能性が高いことから、尿失禁の

予防・改善だけでなく、高齢者の運動器の機能向上を目指して介入していくことが望まれます。次に、対策のポイントを4つ挙げますので、参考にしてください。

（1）骨盤底筋の強化および運動器の機能を向上させるトレーニング

　腹圧性尿失禁の主な要因は、骨盤底筋が脆弱化することであるため、骨盤底筋の強化を目標に骨盤底筋体操を実施します。椅子に座った姿勢や立った姿勢、寝た姿勢でもかまいません。骨盤底筋をイメージしやすい体位で、尿道や肛門を収縮させる骨盤底筋体操を「1日50回を目安」に継続すると、6～8週間前後で効果が現れると言われています[6]。また、尿失禁がある高齢者は全身の筋力も低下している可能性が高いため、総合的に筋力を強化することによって、高齢者の運動器の機能を維持・向上させ、尿失禁の予防・改善および寝たきり予防を図ります。

（2）生活習慣の改善

　高齢女性では、腹圧性尿失禁と切迫性尿失禁を併せ持つ混合性尿失禁も少なくありません。この切迫性尿失禁を起こす可能性のある「脳血管障害や骨粗鬆症による脊柱の圧迫骨折などの疾患」は、生活習慣病でもあります。そのため、適切な運動・栄養・休養をとるといった日常生活習慣の改善によって生活習慣病を予防することが、尿失禁の予防に繋がるのです。また、介護予防の観点からも、このような生活習慣病を予防することは重要です。

　加えて、骨盤底筋を脆弱化させる要因として肥満や便秘が挙げられるため、これらの予防・改善に向けて規則正しい生活習慣を送るように指導する必要があります。

（3）排泄習慣の改善

　「尿もれが心配」という気持ちから尿意を感じる前に頻繁にトイレに行くと、十分に膀胱へ尿が貯留していない状態で排尿することになります。その結果、膀胱容量が小さくなりすぐに尿意を感じてしまったり、膀胱内の細菌を排泄することができず膀胱炎を発症しさらに尿意の切迫感を感じる、といった悪循環に陥ることがあるのです。

　また、頻繁にトイレに行くことを避けたいという思いや、加齢により喉の渇きを感じる機能が低下していることにより、極端に水分摂取量を減らしてしまい、脱水を起こす危険もあります。そのため、食事以外の1日の水分摂取を1～1.5リットル（コップ5～8杯）を目安とするようにしましょう。ならびに、尿意を感じてから排尿するようにし、「たっぷり飲んで、たっぷりすっきり排尿する」ことを心がけるようにします。

（4）薬剤の管理

　高齢者の場合は特に、複数の医療機関を受診し、重複した薬剤を服用していることがあります。また薬剤の副作用により、尿道抵抗の低下や無抑制収縮を起こし、頻尿や切迫性尿失禁、溢流性尿失禁をもたらすこともあるため、薬剤の多重投与や、薬剤を変更してから尿失禁が発生していないかなどを確認し、薬剤の影響が考えられる場合には、主治医へ早急に相談するようにしましょう[7]。

参考
1) 古谷野 亘他：地域老人における失禁とその予後―5年間の追跡, 日本公衛誌, 33, 11-16, 1986.
2) 加藤欣子, 深沢華子他：在宅の要介護高齢者を介護する家族の介護負担感と負担感に関連する要因主介護者の続柄に焦点をあてて, 北海道公衆衛生学雑誌, 12（2）, 176-184, 1999.
3) 中田晴美：寝たきりの要因となる尿失禁 早期に継続的な予防対策を, Gpnet51（5）, 43-47, 2004.
4) 巴 ひかる：尿もれ治療がわかる本, 築地書館, 2002.
5) 泌尿器科領域の治療標準化に関する研究班（編集）：EBMに基づく尿失禁診療ガイドライン, じほう, 2004.
6) 金憲経他：農村地域高齢者の尿失禁発症に関連する要因の検討, 日本公衆衛生雑誌, 51（8）, 612-622, 2004.
7) 中田真木：高齢女子尿失禁の原因と診断, Geriatric Medicine, 41（7）, 903-906, 2003.

尿失禁予防アクティビティに取り組む前に②

■事前に把握しておきたい事柄・情報など

老研式尿失禁予防プログラム概要

■プログラムを始める前に、東京都老人総合研究所が開発した『老研』式の尿失禁予防プログラムについて、理解しておきましょう。

　下の表は、『老研』（東京都老人総合研究所）式の尿失禁予防プログラムについてまとめたものです。「内容」欄は、これまで行なわれてきた当プログラムの実施統計と、科学的見地からの分析結果を併せて導きだされたものです。プログラムを始める前には、目的や効果などとともに理解しておくようにして下さい。
　また、効果と特徴については、開始前に参加者へ伝えるのもよいでしょう。目的意識の向上を期待できます。

I 目的

特に女性に多い腹圧性尿失禁の予防・改善のために、その主な要因である骨盤底筋の強化を目指す運動を指導するのみならず、高齢者の全身の運動器の機能向上を図るための運動を日常生活に取り入れることで、尿失禁の予防・改善および生活機能の拡大を目指す。また、尿失禁を引き起こす要因となる日常生活の改善を図る

II 効果

①尿失禁の予防・改善に効果的な骨盤底筋や腹部・下肢の筋力が向上するとともに、高齢者における全身の運動器の機能が維持・向上される
②尿失禁の予防・改善に必要な日常生活習慣の改善に関する知識を身につけることができる
③医療的な措置が必要な人（要医療者）をスクリーニングできる

III 重点対象者

①咳やくしゃみなど腹圧がかかった時に尿もれが起きた経験のある人
②トイレに行くのに間に合わなくて、失敗することがある人
③尿がもれる回数が週に1回以上ある人
④尿失禁予防のために骨盤底筋体操の習得を希望する人

IV 内容（望ましい目安として）

●**プログラムの内容**
【体調チェック】→【準備体操】→【骨盤底筋体操】→【筋力向上トレーニング】→【生活・栄養指導】

●**参加人数**
15～20名程度（1つのグループ）

●**スタッフ**
保健師または看護師：1名＝対象者の選定・プログラム全体のコーディネーター　理学療法士または運動指導員：1名＝運動プログラムの立案および指導　医師（専門医が望ましい）：1名＝尿失禁に関する教育・要医療者のスクリーニング　栄養士（1回のみ）：1名＝栄養指導

●**プログラム頻度**
原則月2回・全8回（約3ヶ月間／「事前・事後評価」含む）

●**指導時間**
1回につき90分（～120分）

●**設備**
80m²以上の部屋で行なうのが望ましい

V 特徴

①腹圧性尿失禁を予防・改善するための骨盤底筋の強化を目指す運動、および高齢者における全身の運動器の機能向上を図るための運動を日常生活に取り入れることで、「尿失禁の予防・改善」と「生活機能の拡大」を目標としたトレーニングを併せて実施していくようなプログラムを組み立てている
②トレーニングのみならず、尿失禁の要因となる骨盤底筋脆弱化に繋がる肥満や便秘などの予防・改善、ならびに脳血管障害・骨粗鬆症といった尿失禁や介護が必要となる状態を引きおこす可能性のある生活習慣病を予防する規則正しい日常生活習慣を身につけることを目標とし、生活指導や栄養指導のプログラムを取り入れている
③参加者のモチベーションを維持・向上させるために、運動習慣の定着を目的とした学習時間やグループディスカッション、個別指導・相談などのさまざまな指導・教育形態を取り入れている。また、プログラムの途中であっても、個々のニーズに合わせた対応をし、必要時は医療機関受診勧奨を促していく
④多職種が協働することで、尿失禁の予防・改善および高齢者における運動器の機能向上を図り、最終的には寝たきりの予防を目指していく

尿失禁予防アクティビティに取り組む前に③
■事前に把握しておきたい事柄・情報など

老研式尿失禁予防プログラムの流れ

■下に、老研式尿失禁予防プログラムの"大きな流れ"を示します。プログラムを組む場合の参考にしてください。

①プログラムの説明 → ②申し込み

本プログラムの重点対象者
①咳やくしゃみなど腹圧がかかった時に、尿もれが起きた経験のある人
②トイレに行くのに間に合わなくて、失敗することがある人
③尿がもれる回数が週に1回以上ある人
④尿失禁予防のために、骨盤底筋体操の習得を希望する人

③講習・骨盤底筋体操
【1回目】

④事前評価・骨盤底筋体操
【2回目】問診・体力測定

⑤3〜6回目のプログラムの目安

【運動指導（4回）、栄養指導（1回）、生活指導（2回）、医療相談（1回）】

第1期／コンディショニング期・骨盤底筋体操習得期（1〜3回目）
第2期／骨盤底筋群の筋力向上期（4〜5回目）
第3期／機能的トレーニング期（6回目）

｝1〜6回目の目安

⑥事後評価
【7回目】問診・体力測定

⑦結果説明・修了会
【8回目】今後についての指導

⑧フォローアップ
以後、3カ月間行ないます

※プログラム（約3カ月間／「事前・事後評価」含む）は上に示すような一連の過程をとります。

尿失禁予防アクティビティに取り組む前に ④
■事前に把握しておきたい事柄・情報など

老研式尿失禁予防プログラムのスケジュール例

■下は、老研式尿失禁予防プログラムの左頁をより詳しくしたスケジュール例です。

尿失禁予防プログラムのスケジュール例

《配布資料》

1回目
- オリエンテーション〔15分〕 →P6〜8など
- 講習〔90分〕 →P16〜27
- 準備体操・骨盤底筋体操（体験）〔15分〕 →P48〜59
- 排尿日誌 →P26・27

2回目
- 本日の説明〔5分〕
- 準備体操（ちょっとしたストレッチ）〔5分〕
- 問診・身体・体力測定（事前評価）〔90分〕→P12〜14・93
- 骨盤底筋体操（講習含む）〔20分〕→P28・29
- 骨盤底筋体操記録カード →P94

3回目〜6回目

（左側）運動習慣の定着を目的とした学習時間〔5分〕→P7・8・34・46

（中央）
準備体操（ストレッチ含む）
↓
骨盤底筋体操
↓
筋力向上トレーニング（①②、ボールを使った運動）
↓
整理体操（ストレッチ含む）
※準備体操をもとに、工夫して行なってください
〔60分〕→P48〜81

（右側）運動習慣の定着を目的とした学習時間〔5分〕

- 3回目: 講習（栄養指導）〔20分〕→P30〜33 ／ 体操資料① 記録カード→P83〜85 体調チェック票→P34・35
- 4回目: 講習（生活指導）〔20分〕→P36〜41 ／ 体操資料② 記録カード 体調チェック票
- 5回目: 講習（生活指導）〔20分〕 ／ 体操資料③ 記録カード 体調チェック票
- 6回目: 講習（医療相談）〔20分〕→P42〜45 ／ 体操資料④ 記録カード 体調チェック票 排尿日誌

7回目
- 本日の説明〔5分〕
- 準備体操〔5分〕
- 問診・身体・体力測定（事後評価）〔90分〕
- 親睦会〔20分〕

8回目
- 結果説明会・修了式（受診勧奨・今後の活動における場の情報提供・運動習慣の定着について、など）〔60分〕→P46

※1ヶ月目には「1〜3回目」を、2ヶ月目は「4・5回目」、3ヶ月目は「6・7回目」を行なうことを目安とします。「8回目」は1〜3ヶ月間のスケジュールには含めません。

尿失禁予防アクティビティに取り組む前に⑤
■事前に把握しておきたい事柄・情報など

評価・判定について

■P12～14で、事前事後評価（判定）について説明します。ここでの事項を参照して、評価・判定に役立ててください。

事前事後評価のポイント

事前・事後評価は、下の2点によって構成されます。①「問診」についてはP86～92「尿失禁予防教室 事前・事後アンケート」を、②「身体・体力測定」については本頁と次頁およびP93「尿失禁予防プログラム 身体・体力測定票」を参照して行なうようにしてください。

問診

現病歴・既往歴・尿失禁に関すること（回数・量・どのようなときに尿もれがあるかなど）・排泄習慣・出産回数などの項目について問診します（調査項目についてはP86～92「尿失禁予防教室 事前・事後アンケート」を参照してください）。

身体・体力測定（P93「尿失禁予防プログラム 身体・体力測定票」を使用）

●血圧・脈拍（看護師のもと）
●形態／身長、体重、体脂肪率、BMI、ウエスト・ヒップ比を計測することで、腹圧性尿失禁の要因となる肥満の有無を判定します。
  (a) 体脂肪率
    ・市販の体脂肪率計（約1～2万円）を用いて測定します。
    ・ペースメーカー使用の有無を聞き、使用している人は測定を中止します。
  (b) Body Mass Index
    ・BMI（体格指数）＝体重(kg)÷身長(m)^2

判定基準	やせ	正常	肥満1度	肥満2度	肥満3度	肥満4度
BMI	18.5未満	18.5～25未満	25～30未満	30～35未満	35～40未満	40以上

※理想はBMI＝22

  (c) ウエスト・ヒップ比／ウエスト値をヒップ値で割って求めます。
  ■ウエストの測定：
    ①被験者は25～30cmに足を開き、重心は一方に偏らないように立ちます。
    ②測定部位は、肋骨下弓から腸骨稜の中間とします（**次頁の図表Aを参照してください**）。
    ③測定の際、メジャーが平行になるようにし、きつく締めすぎないように注意します。
  ■ヒップの測定：
    ①被験者は足を閉じて立ちます。
    ②ヒップの周径は臀部（でんぶ）の最も突き出た部分の骨盤周径とします（**次頁の図表Bを参照してください**）。
    ③測定の際、メジャーが平行になるようにし、きつく締めすぎないように注意します。
  （※）判定基準／女性では、0.8以上を内臓脂肪型と判断し、生活習慣の改善を指導する必要があります。

●身体機能／対象者の総合的身体機能の変化を評価するために、以下の身体機能測定(体力測定)を実施します。

(a) 歩行速度(通常歩行と最大歩行)…歩行能力(※1)
① 予備路3mずつ、測定区間5mの合計11m歩行路上を、教示に従って歩いてもらいます。
② 身体の一部(腰または肩)が手前のテープ(3m地点)を越えた時点から、測定区間終わりのテープ(8m地点)において、身体の一部が越えるまでの所要時間(小数点第一位まで)をストップウォッチにて測定します。
③ 教示は次のように統一します(通常歩行の場合:「いつも歩いている速さで歩いてください」、最大歩行の場合:「できるだけ速く歩いてください」)。
④ 通常歩行は1回、実施します。明らかに通常歩行速度よりも速すぎると判断される場合は、本人に確認した上で再度測定します。
⑤ 最大歩行は2回、測定します。
⑥ 測定者は転倒に注意し、すぐに支えられる距離につきますが、前を歩いて誘導することのないよう注意します。

(b) 握力…筋力(※2)
① 両足を開いて安定した基本的立位姿勢(安定した直立姿勢)をとります。
② 人差し指の第2関節が直角になるように、握力計の握り幅を調整します。
③ 握力計の指針を外側にして、体に触れないように肩を軽く外転位(体を開く)にします。
④ 測定の際は、反対の手で押さえたり、手を振らないように注意します。
⑤ 利き手(あるいは力の出しやすい方の手)を2回、測定します。
⑥ 2回目は「もう少しがんばってみましょう」と教示しましょう。
⑦ 整数で記入します。
⑧ 測定した側(右、左)を記入します。
※血圧が高めの人については、息をこらえないように特に注意しましょう。

(c) 片足立ち時間(開眼)…静的バランス能力(※3)
① 壁に目印をつけて、50cm離れたところで測定します(目印は目線の高さに合わせられるように移動できるものがよいでしょう)。
② 両手は下ろしたまま、片足を床から離し、次のいずれかの状態が発生するまでの時間を測定します(支持足の位置がずれた時、支持足以外の体の一部が床に触れた時)。上げた足は支持足に触れないようにします。
③ 支持足が右か左かを記録します(1回目と2回目で変わってもよいでしょう)。
④ 測定者は傍らに立ち、安全を確保します。
⑤ 測定時間は60秒以内とし、2回測定します(1回目で60秒に達したら2回目は測定しません)。
⑥ 教示は「目を開けたまま、この状態をできるだけ長く保ってください」に統一します。
⑦ 片足を全く上げられない場合は0秒、一瞬(1秒未満)でも上げられたら1秒、足踏みができたら1秒とします。

(d) Timed up&go…機能的移動能力(※4)
① 椅子から立ち上がり、3m先の目印を折り返し、再びイスに座るまでの時間を計測します。
② スタート時の肢位は、背中を垂直にして椅子に座っているものとし、手は大腿の上に置いておきます。足裏は床に着けておくように配慮しましょう。
③ 測定者のかけ声に従い、対象者にとって快適かつ安全な速さで一連の動作を行なってもらいます。
④ 対象者の身体の一部が動き出す時から再び座るまでの時間(小数点第一位まで)を、ストップウォッチで測定します。
⑤ 回り方は対象者の自由とします。回る際と椅子に座る際は特に安全への留意が必要なので、測定者は対象者のすぐ傍について測定するとよいでしょう。
⑥ 教示は「できるだけ速く回ってください」に統一します。
⑦ 1回練習し、その後、2回測定します。

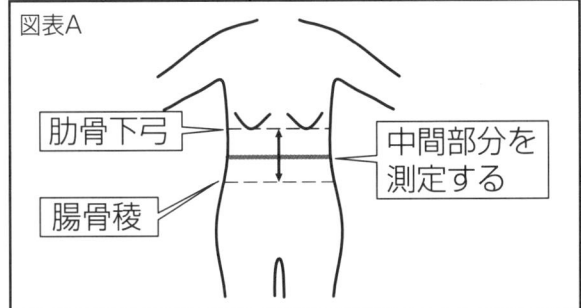

図表A

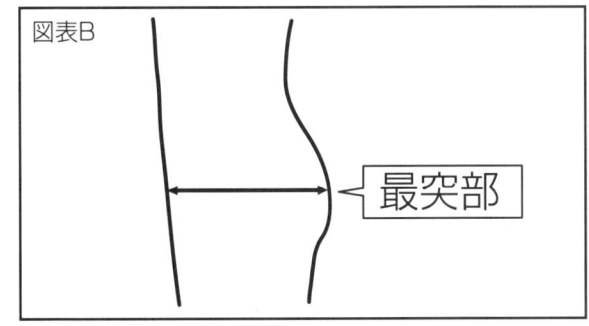

図表B

下記も参照してください。それぞれイラスト入りで行ない方等を説明しています。
※1＝本シリーズ「介護予防コーディネーションの考え方」(ひかりのくに) P23・74
※2＝本シリーズ「介護予防コーディネーションの考え方」(ひかりのくに) P23
※3＝本シリーズ「介護予防コーディネーションの考え方」(ひかりのくに) P23
※4＝本シリーズ「介護予防コーディネーションの考え方」(ひかりのくに) P75

●結果説明

問診項目による尿失禁の状況の変化および身体機能測定の値をプログラム開始前後で比較し、参加者全員の変化と、個別の変化を評価し結果説明を行ないます（P95に空欄の用紙を掲載していますので活用してください）。

また、プログラム参加後も尿失禁の状況が変化していない場合、正しく骨盤底筋体操を実施できていたかどうか、継続して実施できていたかどうかを再度確認し、いずれも当てはまらない場合には、医療機関受診を勧めます（専門医や看護師の指導のもとで）。

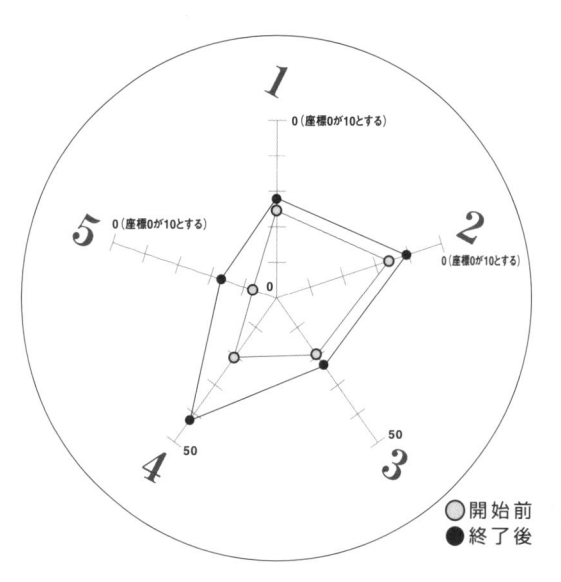

【第1章】
講習内容
■尿失禁予防の大切さを伝える解説

講習内容（尿失禁予防の大切さを伝える解説）①

「尿失禁」について①

■「尿失禁がもたらすさまざまな影響」と「尿失禁のリスクをチェック・把握する『チェック表』」

※この「講習内容①」は、老研式尿失禁予防プログラム全8回のうち、1回目で使用できる内容を掲載しています。

見逃しがちな介護予防のターゲット「尿失禁予防」

　介護予防のターゲットとしての転倒・骨折、認知機能低下など（老年症候群）を防ぐことが、寝たきり予防に繋がるということは、すぐにイメージができると思います。しかし尿失禁に関しては、一見すると寝たきり予防からとてもかけ離れている印象を受けるのではないでしょうか。

　東京都老人総合研究所では、2004年に70歳以上の地域在宅高齢者を対象に実施した「お達者健診」受診者1145人に対し、「日常生活の中で尿がもれることがありますか」と質問したところ、「ある」と回答した人は297人（男性：78人、16.3％。女性：219人、33.3％）でした。地域で生活している高齢者のほぼ4人に1人が尿もれを日常経験しているとは、たいへんな驚きです。

　下の図を見ると分かるように、尿失禁を起こすと高齢者の身体的・心理的・社会的な側面にさまざまな影響をもたらします。これらが複雑に影響し合い、身体機能の低下や、「尿もれが心配だからなるべく外出しないようにしよう」と、家のなかに閉じこもりがちになります。そして社会との交流範囲が制限されていくなどといった状態を引き起こし、廃用症候群の入り口となるのです。したがって、尿失禁を予防・改善していくことが介護予防活動として重要なのです。

　現在、たいへん多くの高齢者が尿失禁で悩んでおり、尿失禁がある人は要介護状態となるリスクが高いため、早急に何らかの対策を講じる必要があります。

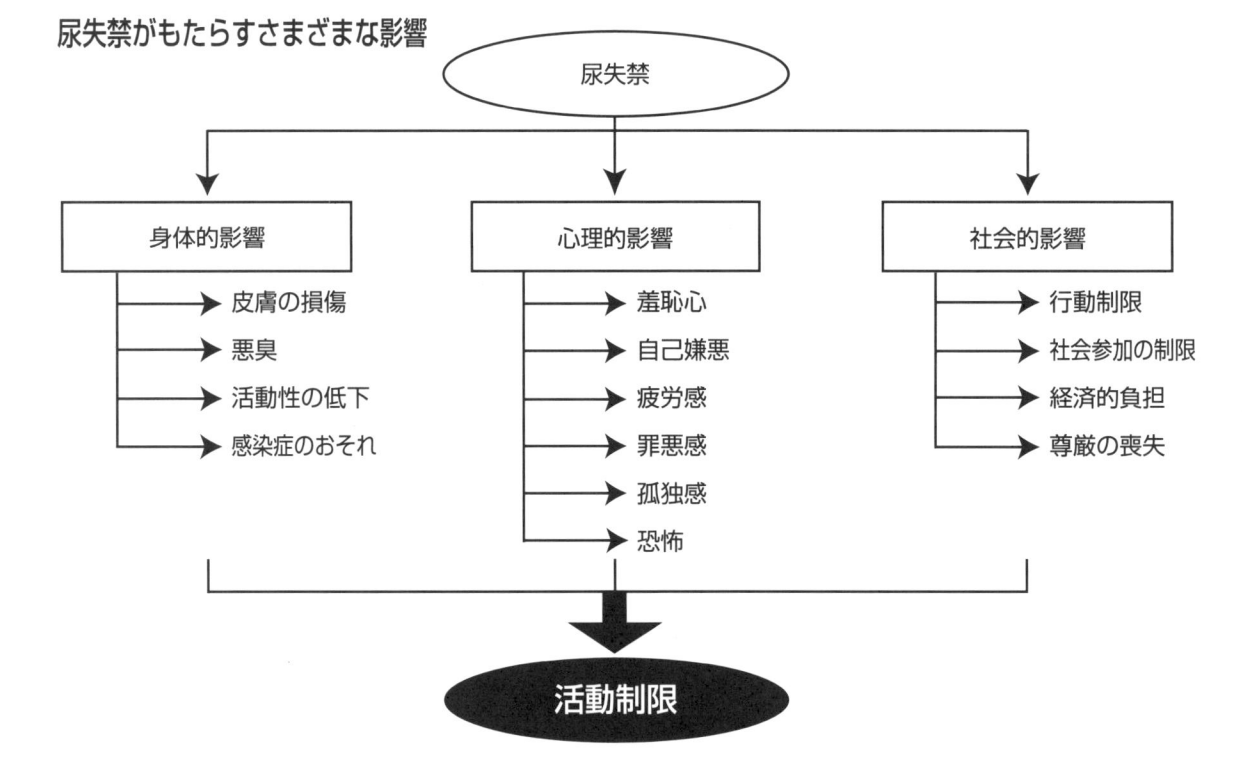

尿失禁がもたらすさまざまな影響

尿失禁のチェック表 ～「おたっしゃ21」を活用して尿失禁のリスクをチェックしてみる～

ここで、自分にどれくらい尿失禁の可能性があるのか、下のチェック表(介護予防健診「おたっしゃ21」)をもとにチェックしてみましょう。

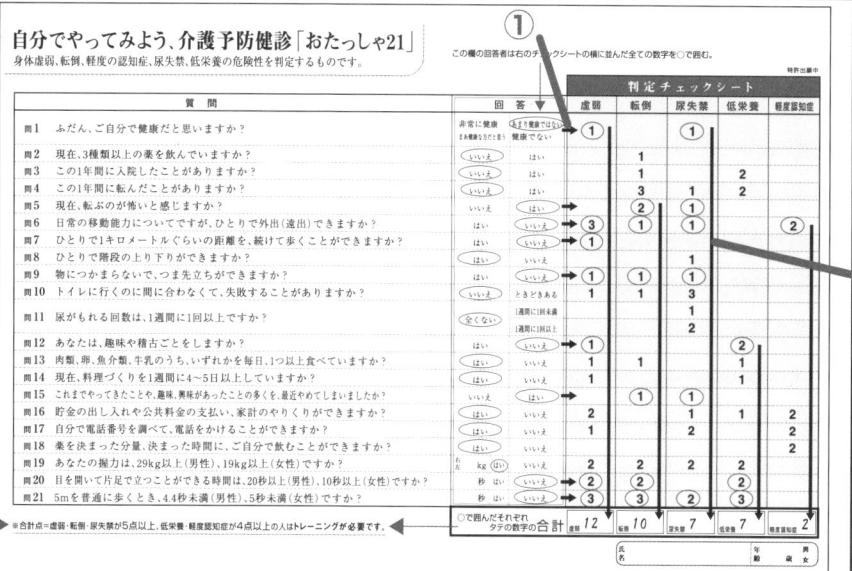

【行ない方(回答例)】

① 回答欄で、右側に○をつけた場合、右の判定チェックシートの欄の横に並んだ全ての数字を○で囲みます(今回は尿失禁について検討しますので、特に問1・4・5・6・8・9・10・11・15・16・17・19・21についてのみの回答でもよいでしょう)。

② 今回は「尿失禁」の列において、○で囲んだ数字を縦に合計して得点を算出し、下の合計欄に記入します。合計点が規定以上になると、尿失禁に関するリスクが高いことが分かります(5点以上だと、積極的に「尿失禁予防・改善トレーニング」に取り組む必要があります。右の例では合計が7点ですので、トレーニングが必要となります)。

※介護予防の啓発ツール「おたっしゃ21」について

「おたっしゃ21」は、老年症候群に関連したリスク(危険な兆候)を早期に発見するために、本書監修の東京都老人総合研究所が開発した『介護予防のための健診ツール』です。これについては、当社刊「介護予防コーディネーションの考え方」(同・ビジュアル版 介護予防マニュアルシリーズ①)のP16〜27も同時に参照してください。

講習内容（尿失禁予防の大切さを伝える解説）②

「尿失禁」について②

■尿失禁の4つのパターンと、その中で最も多い「腹圧性尿失禁」を起こす5つの主な要因

※この「講習内容②」は、老研式尿失禁予防プログラム全8回のうち、1回目で使用できる内容を掲載しています。

尿失禁の4つのパターン

特に高齢者は、以下の4種類の尿失禁のうち、いずれかの場合が多いと考えられます。
また、それぞれに発症する原因や対処方法が異なります（下の①については、P19に「尿失禁を起こす5つの原因（骨盤底筋を弱める5つの主な要因）」、P21に「腹圧性尿失禁の3つの対処方法」を掲載しています）。

①「腹圧性尿失禁」
咳やくしゃみ、重いものを持ち上げた場合など、お腹に力が入った時に尿がもれる

②「切迫性尿失禁」
トイレに行きたい、と思ったとたんに尿がもれる

③「溢流性尿失禁」（いつりゅう）
慢性的に尿がだらだらもれる

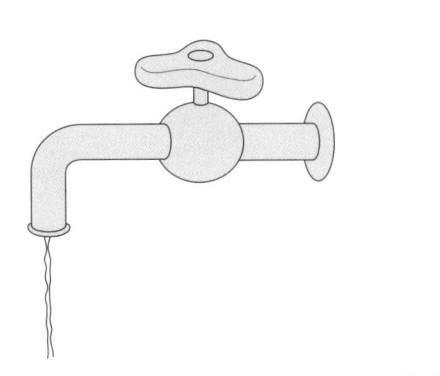

④「機能性尿失禁」
排泄器官の障害はないが、排尿に関する動作や判断に支障があるために尿がもれる

※尿意を感じて、トイレを意識し、そこまで歩き、滞りなく用をたし（下着を下ろす、等）、始末をする、という一連の動作のどこかに支障がある人です

尿失禁を起こす5つの原因（骨盤底筋を弱める5つの主な要因）

　尿失禁を経験したことのある女性の大半は、前頁の1つにある「腹圧性尿失禁」が原因です。

　腹圧性尿失禁は、骨盤内にある膀胱・子宮・腸などの骨盤内臓器を支えるハンモックの形をした骨盤底筋（骨盤底筋についてはP28・29に詳しく掲載）が弱まってしまうことで、腹圧がかかった時に尿もれを起こします。骨盤底筋を弱める主な要因として、次の5つが挙げられます（P21に「腹圧性尿失禁の3つの対処方法」を掲載しています）。

①妊娠・出産
妊娠により子宮が大きくなった重みで、骨盤底筋に負担がかかり筋力が弱まる。また、出産時（経膣分娩）の骨盤底筋や膀胱などの神経や組織の損傷なども、尿もれを起こす原因となる

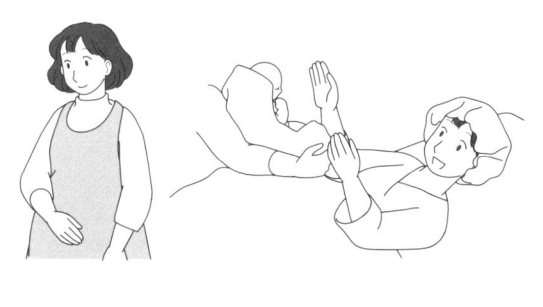

②加齢
年をとることで全身の筋力が低下するのと同様に、骨盤底筋の筋力も弱まる。また、閉経後にエストロゲン（女性ホルモンの一種）の分泌が少なくなることでも、尿もれを起こしやすくなる

③肥満
内臓脂肪の重みにより、骨盤底筋に負担がかかる

④便秘
腸に溜まった便の重みにより骨盤底筋に負担がかかる。また、便を出そうと「いきむ」ことによっても、骨盤底筋に負担がかかる
（※この「便秘」と腹圧性尿失禁の関係については、P20も参照してください）

⑤タバコ
最近の研究で、尿失禁になる率は喫煙者に高いことが分かってきた

第1章・講習内容（尿失禁予防の大切さを伝える解説）

講習内容（尿失禁予防の大切さを伝える解説）③

「尿失禁」について③

■腹圧性尿失禁の要因のうち、特に女性に関係の深い「便秘」との関連について、および腹圧性尿失禁の対処方法

※この「講習内容③」は、老研式尿失禁予防プログラム全8回のうち、1回目で使用できる内容を掲載しています。

便秘と尿失禁の関係

特に女性にとって悩みの尽きない「便秘」の問題。この便秘は、尿失禁（腹圧性尿失禁）との関係が強いのです。

下の（b）は、女性のお腹の中の様子で、便づまりが尿の流出を阻害している状態を示しています。またこの状態は、腸に溜まった便の重みや、便を出そうと「いきむ」ことによって骨盤底筋に負荷をかけるものでもあります。

便秘のひどい高齢者は、食生活や生活リズムを見直し、また便を排出するために必要な骨盤底筋を鍛えるべく「尿失禁予防・改善トレーニング」（P48～81に詳しく掲載）に励むようにしましょう。

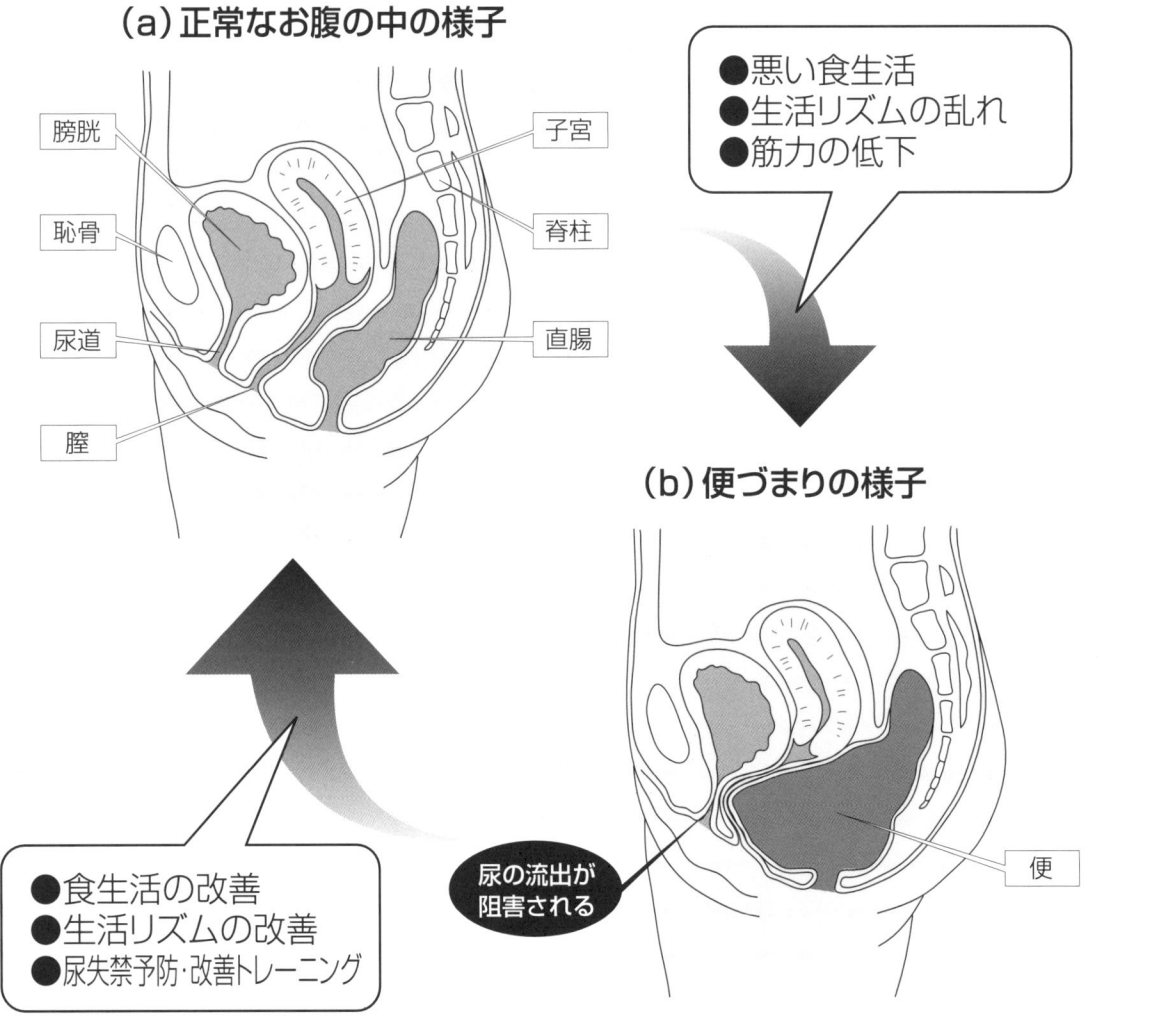

腹圧性尿失禁の3つの対処方法

尿失禁予防対策は、尿失禁のリスクが高い女性、その中でも尿失禁の原因の大半を占める腹圧性尿失禁を予防・改善していくことが第1のターゲットになると考えられます。幸いにも、腹圧性尿失禁は予防・改善効果が高いと言われている尿もれです。

対策のポイントとして下の3つが考えられます。

①骨盤底筋の強化および運動器の機能を向上させる体操をする

椅子に座った・寝た状態を問わず、骨盤底筋をイメージしやすい姿勢で、尿道や肛門を締めたり緩めたりする体操（骨盤底筋体操）を行なう。1日50回を目安に、6～8週間続けると、腹圧性尿失禁の予防・改善効果が現れてくる。併せて腹部や下肢など、総合的に筋力を強くする体操を行なうと、歩きやすくなったりするなど全身の運動器の機能が高まり、寝たきり予防に繋がる

②生活習慣の改善

骨盤底筋を弱める要因として肥満や便秘が挙げられるため、規則正しい生活リズムをつけることや、適度な運動、バランスのよい食事を心がけるように努める

③排泄習慣の改善

十分に膀胱に尿が溜まっていない状態で排尿をしてしまうと、膀胱内の細菌を尿と一緒に体の外に出すことができなくなって"膀胱炎を起こす""膀胱がだんだんと小さくなる"などを起こす。結果、さらに尿を十分に溜めることができず、すぐトイレに行きたくなるという悪循環を起こしてしまう。また、頻尿を防ぐために水分摂取を制限してしまう高齢者も少なくない。そこで、膀胱炎や脱水を防ぐために食事以外にコップ5～8杯の水分を摂ることや、尿意を感じてからトイレに行くようにする。「たっぷり飲んで、たっぷりすっきり排泄する」ことを心がける

講習内容（尿失禁予防の大切さを伝える解説）④

「尿失禁」について④

■「尿失禁は多くの高齢者が共有するもの」「運動機能の低下が尿失禁発症と関係深い」などを示すデータ

※この「講習内容④」は、老研式尿失禁予防プログラム全8回のうち、1回目で使用できる内容を掲載しています。

高齢者の尿もれについてのいろいろな統計データ

高齢者にとって「尿もれ」は特別なことでなく、自分だけで悩みを抱えておく必要はありません。じつは、多くの高齢者が同じような悩みを持っているのです。

P22〜25では、そのことを示す統計データをいくつか掲載します。ぜひ、これらのデータに目を通して、「尿もれは自分だけに起きている問題じゃない」と自信を持ってください。その強い気持ちが、尿失禁予防活動をより効果的なものにするでしょう。

●在宅高齢者の尿失禁の頻度

地域高齢者では、調査対象者の約1〜2割、病院や施設に入所している人では約5割に尿失禁があると言われています（調査方法などによって差異は生じる）。下の図表は「在宅高齢者の尿失禁の頻度」の報告を世界各国よりまとめたものですが、これを含めほとんどの調査で、年齢が高くなるにしたがって、ならびに、男性より女性の方が尿失禁の経験した人の割合が高くなっているのです。

報告者	地域	対象	尿失禁頻度	備考
Herzog　1990	米国	1,956名 60歳以上	男18.9% 女37.7%	個別インタビュー／過去1年の量や回数に関わらない尿もれ
Brocklehurst　1993	英国	4,007名 30歳以上	男3.8% 女9.3%	質問表調査／過去1年の尿もれ
Lagace　1993	米国	2,830名 20歳以上	33% （男11%／女43%）	質問表調査／過去1年の尿もれ
Roberts　1999	米国	1,540名 50歳以上	男25.6% 女48.4%	郵送アンケート／過去1年の尿もれ
Iglesias　2000	スペイン	827名 65歳以上	男29% 女42%	個別訪問インタビュー／コントロールできない不本意の尿もれ、下着の湿り
Maggi　2001	イタリア	2,398名 65歳以上	男11.2% 女21.6%	個別訪問インタビュー／量や回数に関わらない尿もれ
古谷野　1986	日本（東京）	2,647名 65歳以上	男7.5% 女11.8%	郵送アンケート／量や回数に関わらない尿もれ
福井　1993	日本（長野）	2,512名 65歳以上	男15.8%（要下着交換7.4%） 女32.9%（要下着交換11.3%）	アンケート／少しでも尿失禁あり
星　1994	日本（全国）	12,180名 60歳以上	男4.1% 女5.3%	郵送アンケート後、尿失禁者には個別訪問／尿失禁がほぼ毎日ある
中西　1997	日本（大阪）	1,405名 65歳以上	男9.8%（1日1回以上3.7%） 女9.8%（1日1回以上3.2%）	郵送アンケート／不本意の尿もれ
Ueda　2000	日本（滋賀）	1,836名 40〜75歳	男10.5% 女53.7%	郵送アンケート／不本意の尿もれ

※出典：吉田正貴「高齢者における尿失禁の頻度と潜在患者数」，「プライマリケアのための高齢者尿失禁のマネジメント」福井準之助 編（医薬ジャーナル社）

●在宅高齢者の年齢別尿失禁頻度

下の図表は、在宅高齢者の"年齢別の"尿失禁頻度を示したものです。加齢にともなって、尿失禁の頻度が増すことが詳細に分かります。また、80歳以上では急増していることが読み取れます。

報告者	年齢分布(歳)	尿失禁頻度(%) 男性	尿失禁頻度(%) 女性
星(1994)	60〜64	4.2	16.0
	65〜69	6.2	19.7
	70〜74	10.3	24.5
	75〜79	16.5	28.6
	80〜84	24.0	37.9
	85〜89	40.0	45.0
	90以上	43.7	57.8

※出典:「プライマリケアのための高齢者尿失禁のマネジメント」福井準之助 編(医薬ジャーナル社)

●尿失禁発症と運動器の機能との関係図

※図表中の「P値」は、統計用語の「有意確率」です。この数値は「誤っている確率」で、つまり数値が小さいほど、統計データの信ぴょう性が増します。この図表の場合、P値が0.05以下で、信用に足るデータといえます。

下の図表は、4年間の追跡調査において、対象者の尿失禁発症と運動器の機能との関係を示したものです。4年後に尿失禁を発症した人(尿失禁発症群)は、発症しなかった人(正常群)と比べて、運動機能が低下していることを見てとれます。

変数	男性 正常群(人数=292)	男性 尿失禁発症群(人数=22)	P値	女性 正常群(人数=391)	女性 尿失禁発症群(人数=55)	P値
年齢(歳)	70.4±4.7	74.2±5.9	0.001	71.2±5.2	73.4±6.2	0.006
握力(kg)	35.0±6.8	31.7±5.5	0.046	22.4±5.2	20.5±4.4	0.015
開眼片足立ち(秒)	43.9±21.4	33.1±26.6	0.038	31.4±23.4	21.9±21.8	0.007
閉眼片足立ち(秒)	5.8±6.0	3.3±3.1	0.003	5.9±6.6	3.9±4.6	0.007
通常速度歩行(秒)	4.3±1.3	4.7±0.8	0.043	4.9±2.4	5.5±1.9	0.043
最大速度歩行(秒)	2.7±0.7	3.0±0.8	0.177	3.2±1.0	3.6±1.0	0.026

※出典:「日本公衆衛生雑誌」2004 第51巻 第8号 P612〜622(日本公衆衛生学会)

講習内容(尿失禁予防の大切さを伝える解説)⑤

「尿失禁」について⑤

■尿失禁の発症に影響のある、または促進させる因子についてのデータ

※この「講習内容⑤」は、老研式尿失禁予防プログラム全8回のうち、1回目で使用できる内容を掲載しています。

高齢者の尿もれについてのいろいろな統計データ(P22・23の続き)

●尿失禁発症に特に影響を与える危険因子

下の図表は、性別ごとの尿失禁発症に影響を与える危険因子をまとめたものです。

男性と女性では、その主たる危険因子に差のあること、ならびに、双方に「喫煙」での影響が大きいことが見てとれます。

※図表中の「P値」は、統計用語の「有意確率」です。この数値は「誤っている確率」で、つまり数値が小さいほど、統計データの信ぴょう性が増します。この図表の場合、P値が0.05以下で、信用に足るデータといえます。

性別	変数	オッズ比	95%信頼区間	P値
男性	年齢(歳)(1歳毎に)	1.23	1.11〜1.38	0.001
	血清アルブミン濃度(g/dl)(0.1単位毎に)	0.70	0.54〜0.88	0.004
	喫煙状況　非喫煙者	1.00		
	前喫煙者	1.53	0.56〜4.59	
	現喫煙者	2.33	0.82〜7.61	
女性	握力(kg)(1単位毎に)	0.92	0.86〜0.98	0.014
	社会的役割(点)(1単位毎に)	1.81	1.19〜2.73	0.005
	BMI(kg/m2)(1単位毎に)	1.10	1.01〜1.20	0.040
	喫煙状況　非喫煙者	1.00		
	現喫煙者	7.53	1.36〜41.63	

独立変数:年齢、握力、開眼片足立ち、最大速度歩行、主観的健康感、糖尿病、喫煙状況、知的能動性、社会的役割、BMI、転倒歴、定期的な散歩や体操習慣、血清アルブミン濃度

※出典:「日本公衆衛生雑誌」2004 第51巻 第8号 P612〜622(日本公衆衛生学会)

●高齢者の尿失禁を促進させる因子

下の図表は、高齢者の尿失禁を促進させる因子をまとめたものです。知識としてこれらの因子を頭に入れておくことも、尿失禁予防活動の効果を高めるのに期待できるでしょう。

尿失禁の要因となる既往歴・現病歴	・急性錯乱性疾患	意識障害、情緒障害
	・脳神経疾患	脳梗塞、脳内出血、脳腫瘍など
	・脊髄疾患	脊髄ろう、脊髄腫瘍、脊髄損傷
	・泌尿器系疾患	前立腺肥大、前立腺がん、尿道狭窄
	・糖尿病	
	・感染性疾患	膀胱炎、腟炎、前立腺炎
	・便秘	
尿失禁を引き起こしやすい治療や薬物	手術	・前立腺手術（経尿道的前立腺電気切除術TUR-P）（※尿道括約筋損傷）
		・骨盤内腔の根治的手術（※末梢神経損傷）
	薬物	・尿道抵抗を低下させる薬物： 　降圧剤、抗てんかん剤（α遮断薬、β刺激剤）、精神安定剤
		・尿道抵抗を上昇させる薬物： 　三環系抗うつ剤、抗パーキンソン治療薬（α刺激剤）
		・排尿筋収縮（膀胱内圧上昇）をきたす薬剤：交感神経刺激剤
		・排尿筋弛緩（膀胱内圧低下）をきたす薬剤： 　鎮痙剤、不整脈治療剤、抗ヒスタミン剤、 　感冒剤（副交感神経遮断剤）
その他	・出産回数	
	・肥満	
	・水分摂取量	
	・嗜好品（アルコール、コーヒー：カフェイン含有飲料）	

※出典：「老年者の生活と看護」巻田ふき・矢部弘子 編（中央法規出版）

第1章・講習内容（尿失禁予防の大切さを伝える解説）

講習内容（尿失禁予防の大切さを伝える解説）⑥

「排尿日誌」について

■排尿日誌をつけることで、1日にトイレへ行く回数を把握でき、尿失禁予防・改善への手がかりにできます。

※この「講習内容⑥」は、老研式尿失禁予防プログラム全8回のうち、1回目で使用できる内容を掲載しています。

「排尿日誌（排尿記録票）」を活用しましょう

①「排尿日誌（排尿記録票）」を1・6回目のプログラム開始時に参加者へ配布し、次回の教室までに記入してきてもらう

老研式尿失禁予防プログラムでは、1回目と6回目に、次頁の「排尿日誌（排尿記録票）」を配ります。

これは、次回の教室までに自宅で行なってもらう"宿題・課題"としてのものです。

連続した3日間分の日誌として、排尿の記録をつけてもらいましょう（次頁の排尿日誌は1人あたり3日分＝3枚を配布しましょう）。

②排尿日誌の記入方法

この排尿日誌は、自分の排泄パターンを知るのに効果的です。

記入する内容は「排尿時間（時間）」「回数（トイレ）」「尿もれの有無（尿もれ）」「尿もれを起こした時の状況（どんな時に？）」「飲水量（飲み物）」です。

③プログラム前後での尿失禁の状況の変化を評価し、かつ自分の排泄パターンを知る

各プログラムの終了時には、記入済み日誌をもとに、相談などを受け付けましょう。

6回目の終了時には、1回目のプログラム時と比べて尿失禁の状況がどのように変化したかを評価します。自分の排泄パターンを知ることで、自分に合った対処方法を探ることができるでしょう。

■排尿記録票

　　　　　　　　月　　日（　）曜日　　氏名

時間	トイレ	尿もれ	どんな時に？	飲み物
(例)6時	○			
(例)6時30分		○	咳をした時	
(例)7時				お茶1杯
時　　分				
時　　分				
時　　分				
時　　分				
時　　分				
時　　分				
時　　分				
時　　分				
時　　分				
時　　分				
時　　分				
時　　分				
時　　分				
時　　分				
時　　分				
時　　分				
時　　分				
時　　分				
時　　分				
時　　分				

第1章・講習内容（尿失禁予防の大切さを伝える解説）

※約150％の拡大率でA4サイズの調査用紙として使用できます

講習内容（尿失禁予防の大切さを伝える解説）⑦

「骨盤底筋」について

■骨盤底筋の場所を意識してみましょう。また、腹圧性尿失禁は恥ずかしいものでないことを認識しましょう。

※この「講習内容⑦」は、老研式尿失禁予防プログラム全8回のうち、2回目で使用できる内容を掲載しています。

尿失禁予防のために「骨盤底筋」を鍛える

　骨盤底筋は、骨盤の中にある尿道・膀胱・子宮・膣・直腸を支える筋肉のことです。この部分が緩んだ状態で膀胱が圧迫されると、尿がもれてしまいます。

　骨盤底筋のダメージ・緩みは、妊娠・出産と、加齢による体の変化がきっかけになります（次頁にそれぞれに関して詳しく説明しています）。

　高齢者の尿失禁の大半は、咳やくしゃみなどで起きる「腹圧性尿失禁」や、トイレまで間に合わない「切迫性尿失禁」が原因ですが、こうした尿もれは「骨盤底筋体操や全身の運動器の機能を高める運動」（P48〜81「尿失禁予防・改善トレーニング」を参照）で改善することができます。これらの体操・運動は、どこでも簡単に行なうことができるものです。まずは下に「体の中における骨盤底筋の位置」を示しますので、参考にしてください。

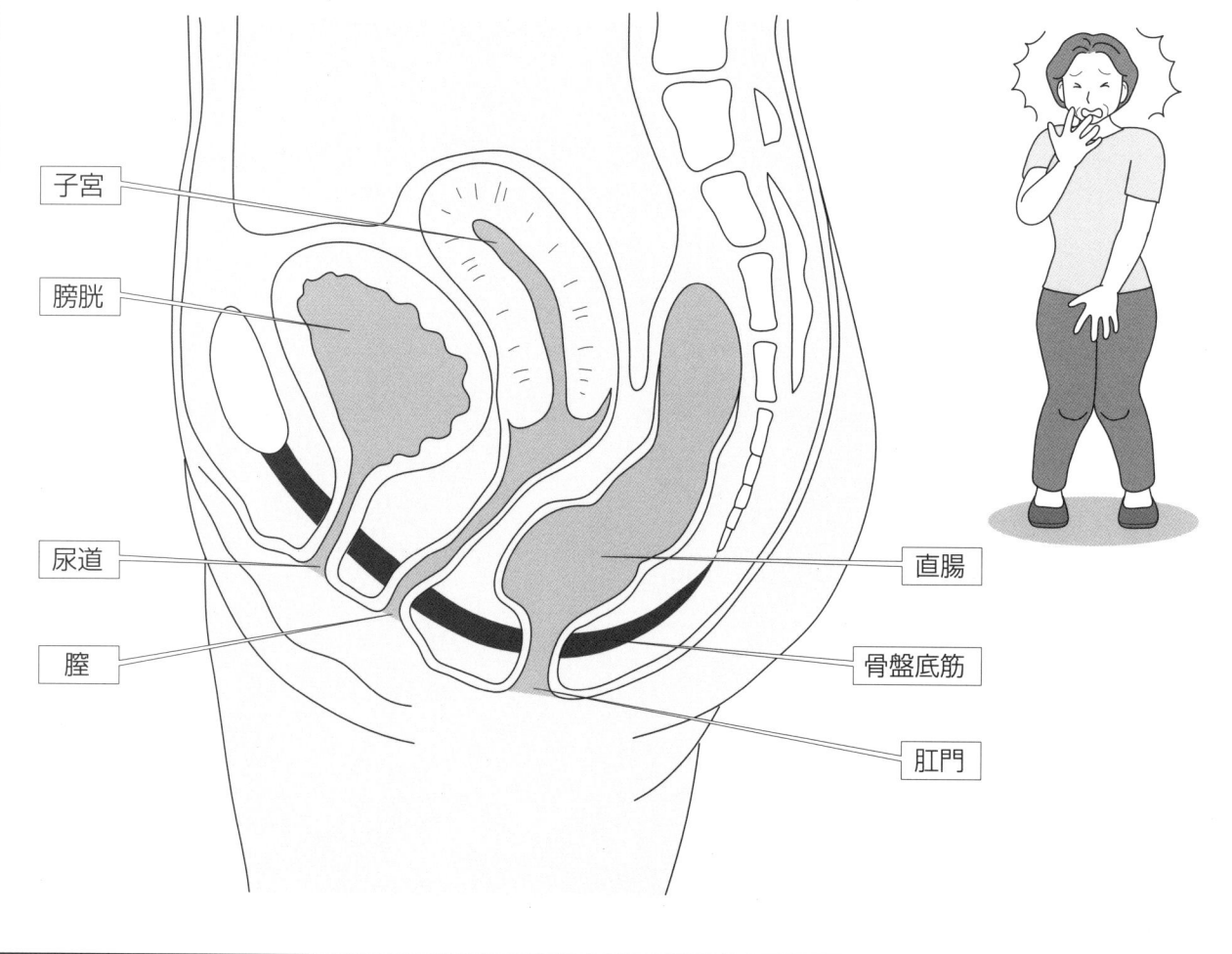

「骨盤底筋」にダメージ・緩みをもたらす2つの要因

骨盤底筋は下の2つの要因によってダメージを受けると考えられます。尿もれは決して個人の特別な性質によって引き起こされるものではありませんから、恥じることとはないのです。

①出産経験の多い人は「尿もれ」を起こすことが多くなる

女性の人生にとって大きなイベントでもある妊娠・出産が、骨盤底筋に少なからず影響を与えます。

妊娠中は大きくなった子宮に膀胱が圧迫されて、トイレが近くなったり、尿もれを起こすことがしばしばあります。また、大きくなった分の子宮の重みが負荷となり、骨盤底筋を弱めます。そして出産時には、赤ちゃんが産道を通って膣から生まれてくる際に、骨盤底筋がダメージを受けます。

これらの理由から、出産経験の多い人はより、尿もれを起こすことが多くなるのです。

②40歳代を過ぎると体自体に変化が起きて、尿もれを起こすようになる

40歳代を過ぎると体の変化を自覚するようになります。実際、筋力が落ちて下腹部などに脂肪がつき、ボディラインも変わってきます。

内蔵を下から支える骨盤底筋も例外でなく徐々に緩むため"サポート力"が低下し、膀胱・子宮などの内蔵が下垂してきます。

それにより尿道の締まりが悪くなり、咳・くしゃみをしたり、重たい物を持った時など腹圧がかかると、尿意がなくても少量の尿もれが起こるようになるのです。

また、更年期を迎え、女性ホルモンであるエストロゲンの分泌量減少による骨盤底筋の柔軟性低下によっても、尿道の締まりが悪くなり、尿もれが起こります。

講習内容(尿失禁予防の大切さを伝える解説)⑧

「栄養指導」について①

■栄養士の指導のもと、尿失禁予防・改善に繋がる「栄養」に関して考えましょう。

※この「講習内容⑧」は、老研式尿失禁予防プログラム全8回のうち、3回目で使用できる内容を掲載しています。

「身体・体力測定票」(P93)を活用しながら栄養指導を行なう

●**事前評価測定の結果から、栄養指導を行なっていきましょう**

栄養指導は、腹圧性尿失禁の要因となる「肥満」や「便秘」の予防・改善、尿失禁を引き起こす可能性のある生活習慣病を予防するため、"食生活習慣の改善"を目的として実施します。

事前評価で測定した体脂肪率やBMI、ウエスト・ヒップ比のデータをもとに、個別指導をしていくのも効果的です。

まずは「身体・体力測定票」(P93)についてP12〜14(特にP12下・P13)を、その後に次頁の「栄養指導の例」を参考にしながら、効果的な栄養指導を進めていきましょう。

また、集団を対象とした栄養指導の中で取り扱う主な内容は、「肥満・便秘を予防・改善するための食生活」「糖尿病・脳血管疾患などの生活習慣病を予防するための食生活」などになります。

尿失禁予防プログラム 身体・体力測定票

この「尿失禁予防プログラム 身体・体力測定票」の空欄用紙は、P93に付録として掲載しています。

```
実施日 ___月___日          氏名_____
                          年齢_____歳

収縮期 血圧_____mmHg    拡張期 血圧_____mmHg

脈拍_____拍／分

身長___._____m  体重_____.___kg  BMI____

体脂肪率  ペースメーカー有(中止)・無(実施)  _____.___％

ウエスト_____cm

ヒップ_____.___cm    ウエスト・ヒップ比_____

5m歩行時間(通常)  _____.___秒
5m歩行時間(最大) ①_____.___秒  ②_____.___秒

握力 ①_____kg      ②_____kg       (右、左)

開眼片足立ち ①_____秒   ②_____秒   (右、左)

Timed up&go ①_____.___秒  ②_____.___秒

コメント
```

プログラムの2回目「問診・身体・体力測定」で測定した肥満度などをもとに、特に…

- ●BMI
- ●体脂肪率
- ●ウエスト・ヒップ率

（P12参照）

などを重点的に見て、栄養指導を行ないましょう。

栄養士が個別に栄養相談を行なうのもよいでしょう。

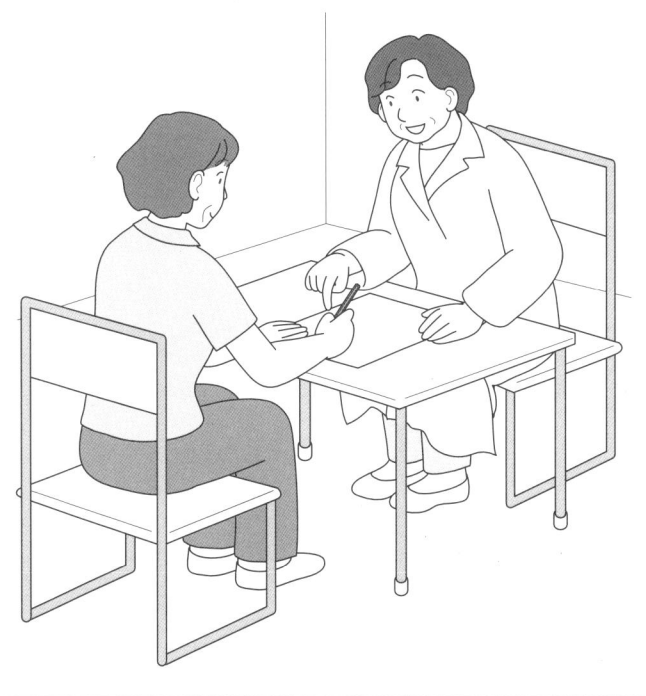

第1章・講習内容（尿失禁予防の大切さを伝える解説）

講習内容(尿失禁予防の大切さを伝える解説)⑨

「栄養指導」について②

■さまざまな生活習慣病に対して、栄養面でどのような食生活を心がければよいかを考えましょう。

※この「講習内容⑨」は、老研式尿失禁予防プログラム全8回のうち、3回目で使用できる内容を掲載しています。

●生活習慣病を栄養指導によって予防する

尿失禁を予防するうえで、生活習慣病に注意することも欠かせません。ここでは6つの生活習慣病を挙げますが、いずれも適切な栄養・食事摂取によって改善されるものです。これら全ての病気に共通して大切だと言えることは、次の7つです。
①バランスよく食べる
②適切なカロリー量を考える
③塩分を控える
④脂肪(脂・油)を控える
⑤糖分を控える
⑥食物繊維を摂る
⑦アルコールを控える

また、便秘は食物繊維・水分を摂ることが大切になります。この便秘についてはP40を参照してください。

●糖尿病

糖尿病を予防するために、食事面で次のことを心がけましょう。
- 野菜を多く摂取する
- 食事は毎日同じ時間に、ゆっくりと食べる
- 甘いものや脂っぽいものは控える
- 小皿に分けて、食べ過ぎに注意する
- 薄味にする
- ながら食いはやめる
- 量が多いと感じたら残す
- お茶碗は小さいものを使用する
- 調味料は「かけず」に「つける」ようにする
- 食品のエネルギーについてを学ぶ姿勢を持つ

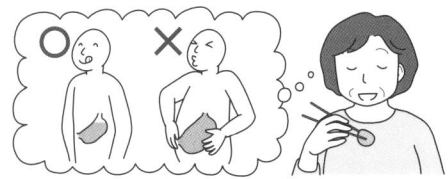

●脳卒中

脳卒中を予防するために、食事面で次のことを心がけましょう。
- 薄味にする
 —天然のだしを活かす、ハーブや香辛料で味付けをする、酢や柑橘類などの酸味を利用するなどして薄味に慣れましょう。
- コレステロールを増やさないようにする
 —乳脂肪、卵黄、即席麺、スナック類、甘い物、肉の脂身などの摂りすぎに注意しましょう。また、植物性の油を料理に使用する、青背の魚を積極的に摂る、食物繊維を多く摂るなども効果的です。
- 大量の飲酒はやめる
 —例:日本酒1合(180ml)、ビール中ビン1本(500ml)などを目安としましょう。

●骨粗鬆症

骨量が減少して骨が変形してもろくなり、骨折しやすくなる骨粗鬆症を予防するために、食事面で次のことを心がけましょう。
- ●喫煙や酒の飲みすぎは骨量を減らすので注意する
- ●カルシウムを十分に摂る（乳製品のカルシウムがよいでしょう。また、ビタミンDもカルシウムの吸収によいことから、その生成のため屋外で適度に日に当たりましょう）
- ●タンパク質・塩分の摂りすぎはカルシウムの利用を悪くするので注意する
- ●骨の材料になるリン・マグネシウムを適度に摂取する
- ●カルシウムを骨に定着させるため、週に3回以上、30～60分程度の運動を行ないましょう

●高脂血症

高脂血症を予防するために、食事面で次のことを心がけましょう。
- ●栄養バランスのよい食事を心がける
- ●摂取総エネルギー量を抑えて、適正な体重を維持する
- ●飽和脂肪酸（獣肉類などの動物性脂肪）1：不飽和脂肪酸（魚などの植物性脂肪）1.5～2、の割合で摂取する
- ●ビタミンやミネラル、食物繊維をたくさん摂る
- ●高コレステロールの人は、コレステロールを多く含む食品を控える
- ●中性脂肪が高い人は、砂糖や果物などの糖質、ならびに飲酒の量を控える

●高血圧

高血圧を予防するために、食事面で次のことを心がけましょう。
- ●減塩を心がける（塩分が多く含まれている食品の摂取を控える）
  - ・塩辛、ラーメンなどの汁やスープ
  - ・みそ、しょうゆなどの調味料
  - ・焼きちくわ、うめぼし、食パンなどの加工食品、など
- ●塩分の排泄を促すカリウムを摂る（カリウムが多く含まれている食品を摂取する）
  - ・新鮮な野菜や果物
  - ・玄米、ライ麦パン、など（主食を変えてみるのもよいでしょう）

●肥満

肥満を予防するために、食事面で次のことを心がけましょう。
- ●食べ過ぎに注意する
  - ・自分の摂取している食品のエネルギー量を知りましょう。
- ●間食やお酒の量を減らす
  - ・果物や菓子を控えましょう。
  - ・お酒を飲んだ日は食品の摂取エネルギーを減らしましょう。
- ●栄養バランスのよい食事を心がける
  - ・多くの種類の食品を、少しずつ食べましょう。
  - ・野菜をいかした料理作りを心がけましょう。

講習内容（尿失禁予防の大切さを伝える解説）⑩

「体調チェック票」を活用する

■医師・看護師のもとで、運動を行なってもよいかどうか、チェックをしてから体操を始めましょう。

※この「講習内容⑩」は、老研式尿失禁予防プログラム全8回のうち、3～6回目で使用できる内容を掲載しています。

運動指導の際に「体調チェック票」を活用する

●毎回の運動前には「体調チェック票」の記入で、運動の可否を指導しましょう

　老研式尿失禁予防プログラムの3回目から本格的にスタートする「運動指導」では、尿失禁の予防・改善に効果的な骨盤底筋の強化および運動器の機能向上を図ることで、尿失禁の予防・改善のみならず、生活機能の向上を目指して取り組みを実施します。

　参加者が運動に対する不安を無くし、自信をつけてもらうために、1回目・2回目は柔軟体操・骨盤底筋体操などの軽度の運動から始め、回を追って段階的に強度を上げていくようにしましょう。

　毎回（老研式尿失禁予防プログラム3～6回目）の運動前には、参加者に血圧測定および体調チェック票（次頁）への記載をしてもらい、運動の可否を指導するように注意してください。

※骨盤底筋体操や筋力向上トレーニングなど「尿失禁予防・改善トレーニング」について、詳しくはP48～81を参照してください。

■体調チェック表

氏名		年　月　日　記入

【体調チェック】

◆今日の体調についてお聞かせ下さい

1. 熱っぽい、もしくは体がだるいですか？　　　　　　はい　いいえ

2. 睡眠不足ですか？　　　　　　　　　　　　　　　　はい　いいえ

3. 食欲が落ちていますか？　　　　　　　　　　　　　はい　いいえ

4. 下痢気味ですか？　　　　　　　　　　　　　　　　はい　いいえ

5. 気分が悪いですか？　　　　　　　　　　　　　　　はい　いいえ

6. 胸がドキドキしたり、苦しいですか？　　　　　　　はい　いいえ

7. 関節や腰などに痛みがありますか？　　　　　　　　はい　いいえ

8. 昼食は何時にとりましたか？　　　　　　　　　　　午前・午後　　時頃

9. 疲労気味ですか？　　　　　　　　　　　　　　　　はい　いいえ

10. 全体的に今日の体調はどの程度ですか？　　　　　（　　番）
    ①非常によい
    ②よい
    ③ふつう
    ④やや悪い
    ⑤かなり悪い

今日の血圧	最高	mmHg
	最低	mmHg
	心拍数	拍/分

※約150％の拡大率でA4サイズの調査用紙として使用できます

第1章・講習内容（尿失禁予防の大切さを伝える解説）

講習内容（尿失禁予防の大切さを伝える解説）⑪

「生活指導」について①

■医師・看護師の指導のもと、日常生活こそが大切であることを認識しましょう。

※この「講習内容⑪」は、老研式尿失禁予防プログラム全8回のうち、4・5回目で使用できる内容を掲載しています。

尿失禁がある人の生活改善9カ条

尿失禁がある人は日常生活で次の9つの生活改善を心がけましょう。

①水分を十分とる

尿失禁があっても、水分は十分とる必要があります。食事以外に1日1〜1.5リットル以上の水分は摂りましょう。また、コーヒー・紅茶・濃い緑茶などの利尿作用のある飲食物は尿をたくさんつくるので注意が必要です。

②便秘に注意する

便秘は膀胱を圧迫して我慢しづらくなったり、失禁の原因にもなるため、改善が必要です。そのためには十分な水分補給、食物繊維を多く含む食事、適度な運動、排便習慣を心がけます（便秘について詳しくはP40を参照）。

③背筋を伸ばして歩く

運動は腸の働きを助け、血液の循環をよくします。
歩く時には背筋を伸ばして腹筋を引き締めましょう。

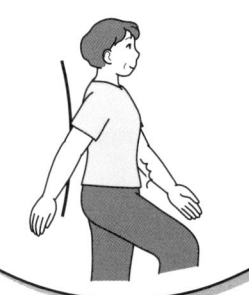

④筋力を鍛える

筋力向上トレーニングは足腰の筋力を鍛えることにもなり、尿失禁予防のために効果的です。

⑤排便習慣をつける

朝食後には必ず排便習慣をつけましょう。
また、便意をもよおした時にはすぐに排便するよう心がけましょう。

⑥失禁の時間帯を記録する

失禁の時間帯が毎日だいたい同じようなら記録をし、事前に準備を整えて用をたすようにしましょう。
また、ポータブルトイレなどの使用を考えてみるのもよいでしょう。

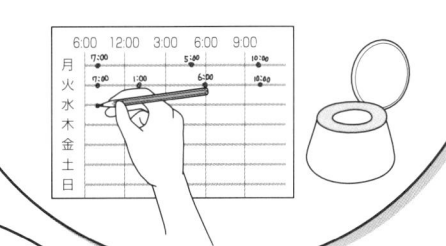

⑦排尿に関する環境を整える

家の中の環境を整えることも大切です。
各部屋からトイレまでの経路を考えて、障害となる家具などをあらかじめ整理しておきましょう。また、着脱のしやすい衣服を着るようにしましょう。

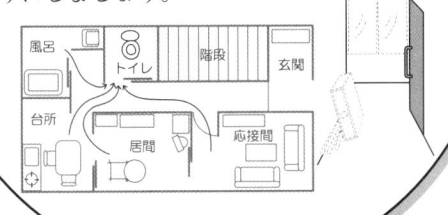

⑧薬は処方通りに正しく飲む

薬の副作用によって、尿がもれやすくなったり、逆に排尿しづらくなることがあります。
服用している薬の調整に対する配慮も必要です。

⑨原因疾患を治療する

糖尿病や膀胱炎などの（尿失禁に関係する）原因疾患がある場合は、それらの治療が必要です。

講習内容(尿失禁予防の
大切さを伝える解説)⑫

「生活指導」について②

■医師・看護師のもと、尿失禁予防について、さまざまな角度からの「気づき」を促しましょう。

※この「講習内容⑫」は、老研式尿失禁予防プログラム全8回のうち、4・5回目で使用できる内容を掲載しています。

尿失禁のある人が気をつけたい、その他3つの生活改善

尿失禁のある人が気をつけたい生活習慣には、P36・37で示した9カ条の他にいくつか挙げることができます。

ここでは、「その他3つの生活改善」として示しておきますので、参考にしてみてください。

●尿意を感じてからトイレに行きましょう

排尿は24時間の内に10回以上となると、頻尿ということになります。日中だけであれば4〜8回くらいとなるでしょう。

膀胱にきちんと尿をためて、尿意を感じてから排出する習慣をつけてください。

ただし、がまんのしすぎはよくありません。

●体はお風呂で温め、清潔に保ちましょう

膀胱炎も尿失禁の引き金になります(次頁で詳しく説明しています)。毎日きちんと入浴し体を温め、清潔に保つように心がけましょう。ゆぶねにつかると、気持ちがリラックスするなど心にゆとりが生まれます。このゆとりも、尿失禁予防に効果が望めます。

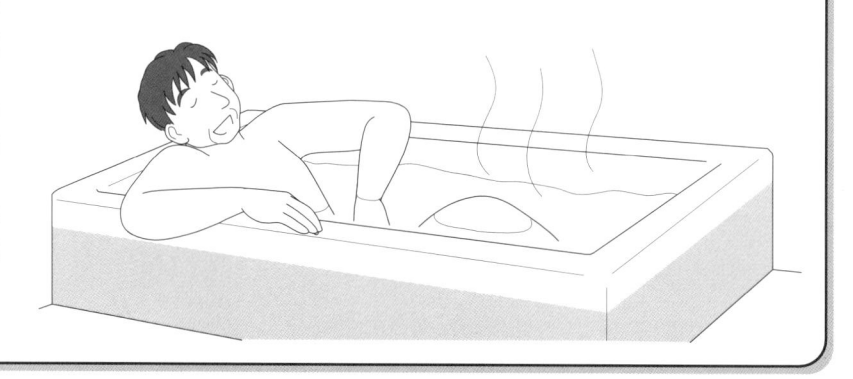

●身体を動かして、ちょうどよい体重を保ちましょう

　腹部の脂肪は、膀胱を圧迫して尿もれの原因になります。また、肥満体型は、「骨盤底筋」の緩みを招きます。普段からなるべく体を動かすようにしましょう。

　ウォーキングなど、気軽にスポーツをはじめてみてはいかがでしょうか？
　歩く際は背中をまっすぐに伸ばし、少し早足かつ大股を心がけると、カロリー消費によいでしょう。

※衛生用品として、「尿もれパッド」の活用も検討してみましょう！

　快適な生活を営むために、衛生用品として「尿もれパッド」等も検討してみるのも一案でしょう。
　「尿もれパッド」は生理用パッドよりも吸水力が強く、快適に生活を営むことができます。
　この吸水力を理解するために、右記のような実験を参加者の前で行なうのもよいでしょう。

【実験内容】
① 「尿もれパッド」と「生理用パッド」に、それぞれ青インクを混ぜた生理食塩水を30ccほど染み込ませます。
② それぞれの吸水力を見比べてみましょう（吸水力の差は、見た目で明らかです）。

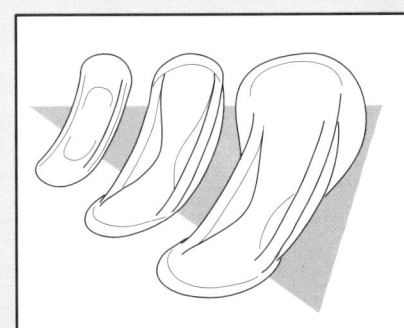

尿もれパッドは、量などによっていくつかの種類があります

吸水力の実験の様子

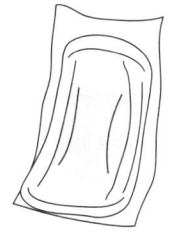

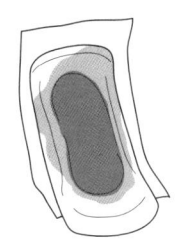

尿もれ用パッド　　生理用パッド

実験の結果。吸水力の差は見た目で明らか（上図はイメージです）

第1章・講習内容（尿失禁予防の大切さを伝える解説）

講習内容（尿失禁予防の大切さを伝える解説）⑬

「生活指導」について③

■医師・看護師のもと、尿失禁予防・改善のうえで特に気をつけたい「便秘」と「膀胱炎」について考えましょう。

※この「講習内容⑬」は、老研式尿失禁予防プログラム全8回のうち、4・5回目で使用できる内容を掲載しています。

尿失禁のある人が特に気をつけたい、日常における2つの症状・病気

尿失禁のある人が特に気をつけたい、日常における2つの症状・病気「便秘」と「膀胱炎」について、ここでは掲載しておきます。

どちらも日常の過ごし方に気をつけることである程度防ぐことのできるものですので、ぜひ参考にしてみてください。

●便秘

便秘は膀胱を後ろから圧迫したり、便の重みによって骨盤底筋に負荷をかけるなど、尿失禁に悪い影響を与えます（P20参照）。

便秘を防ぐのに効果的な方法として、次の6点などが考えられます。

●朝食後は必ず排便する
便が最も出やすいのは、空の腸に食べ物が入った朝食後です。朝食後の排便を心がけましょう。

●水分を十分とる
便秘解消のために、起床後に水分を摂取しましょう。

●繊維質の多い食事を心がける
野菜・果物・穀物などに多く含まれる繊維質は、腸をきれいにします。

●運動習慣を身につける
運動は腸の働きを活発化し、また便を出すのに必要な腹筋や背筋を鍛えます。

●腹部をマッサージする
就寝前、また便が出ない時などに、へその周囲を時計まわりに5〜10分かけて、ゆっくりとマッサージしてみてください。排便を助ける効果があります。

●下剤など薬に頼らないようにしましょう
下剤など薬に安易に頼っていると、腸そのものの働きが低下します。薬は必要な時だけに使用するよう、無理のない程度に心がけましょう。

●膀胱炎（ぼうこうえん）

女性に多い膀胱炎は、頻尿の原因となり、尿失禁の引き金になります。

膀胱炎を防ぐのに効果的な方法として、次の3点などが考えられます。

●水分を十分とる

頻尿や尿失禁の心配のある人は、どうしても水分の摂取を控えてしまいがちですが、じつは濃くなった尿がかえって尿意を呼ぶことがあるのです。また、極端に水分を控えると膀胱炎になることがあります。恐がらずに、十分な水分（食事以外に1日あたり1～1.5リットル）をとるように心がけてください。

●尿意を感じてからトイレに行く

排尿をがまんすると膀胱炎になると考え、頻繁にトイレへ行くのは逆効果です。膀胱にあまり尿がたまっていないのに排尿をすると、十分に菌を排泄することができず、また、膀胱が小さくなってしまうのです（「尿意を感じてからトイレに行く」ことについての効果は、P38でも触れています）。

●下半身が冷えないように注意する

下半身の冷えも膀胱炎の原因となります。夏は冷房の当たりすぎに注意し、冬は下着を増やすなど工夫を考えましょう。

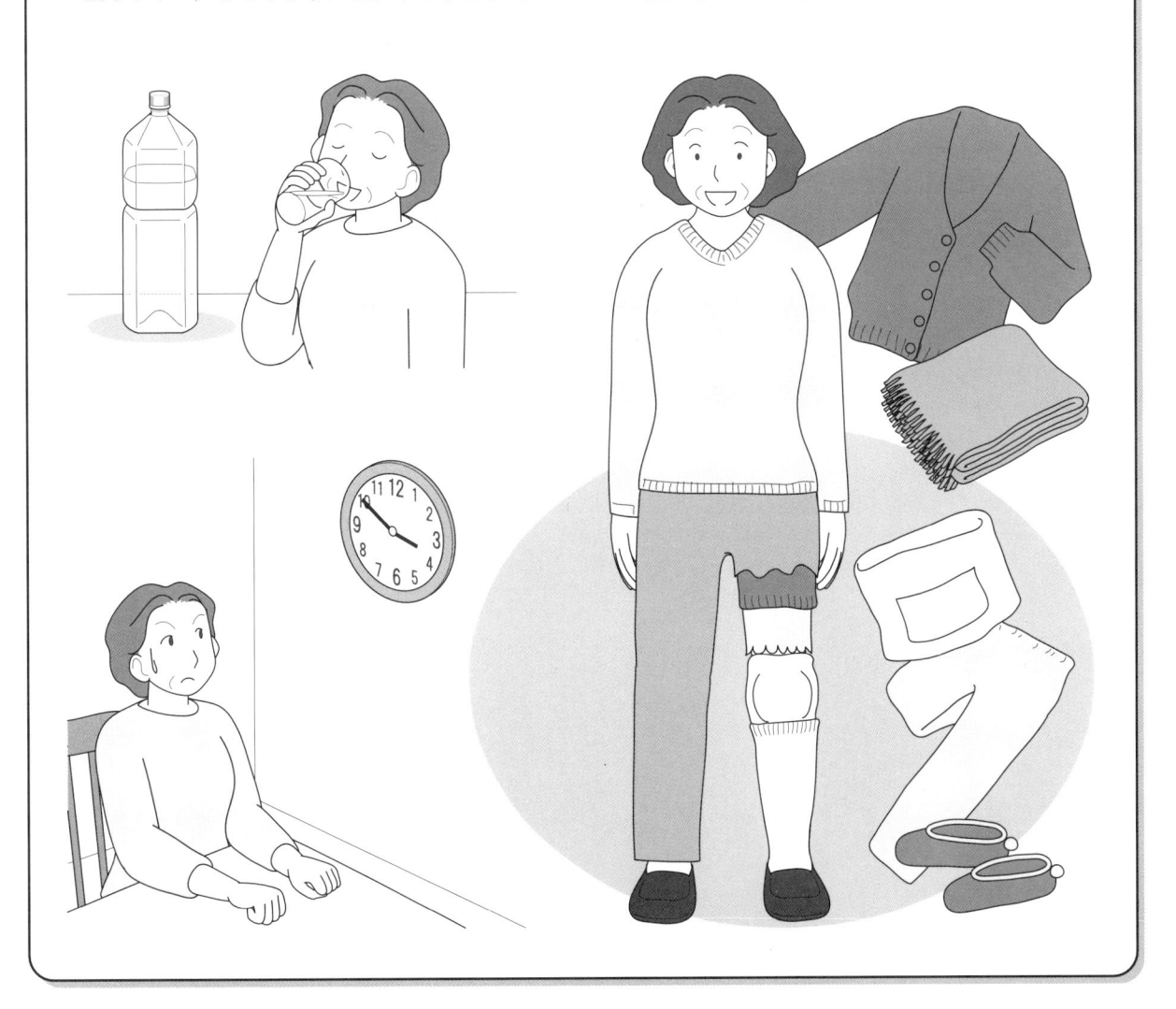

講習内容(尿失禁予防の大切さを伝える解説)⑭

「医療相談」について①

■尿失禁の改善がみられない場合は、専門医への相談も検討するように促しましょう。

※この「講習内容⑭」は、老研式尿失禁予防プログラム全8回のうち、6回目で使用できる内容を掲載しています。

プログラムを受けても望ましい改善がみられない場合、このような可能性も…

尿失禁に悩む人はたくさんいます。食事・生活習慣の改善や体操などで状態が回復しない場合は、病気の可能性も考えられます。

たとえば次のような場合には、恥ずかしがらずに医師など専門職に相談し、適切な指導を受けるようにしましょう。

●ホルモンのバランスの崩れ

尿失禁は女性ホルモンの崩れによっても起こることがあります。閉経後または月経前にもれやすいのはこのためです。

尿失禁の頻度や量が増えて生活に支障があるようなら、泌尿器科や婦人科で治療を受けるようにしましょう。

●骨盤内の手術

骨盤内の手術(直腸がんや子宮筋腫、子宮がん、卵巣摘出などの手術)を受けたことのある人は、それが尿失禁のきっかけとなっているのかもしれません。

失禁のタイプは手術の種類によって異なります。医師による専門的な診断を受けることも考えてみましょう。

●糖尿病

　糖尿病が進行すると、尿意を感じる神経が侵されるため"尿を出し切れない"という場合があります。その結果、出し切れなかった尿に菌がつき、感染を起こしやすくなるのです。

　糖尿病の人は、多すぎる飲水量から頻尿になることもあります。尿の勢いが弱かったり頻尿の場合には、主治医に相談してみましょう。

●脳血管障害や神経の病気

　脳血管障害（脳出血、脳硬塞など）やパーキンソン病などにより神経が障害されると、切迫性尿失禁や頻尿が起こりやすくなります。これは、神経の障害により、膀胱の勝手な収縮を抑える力が弱くなっているからです。

　その他の難病については、どの神経が侵されているかによって症状に違いが生じますが、やはり頻尿や切迫性尿失禁になることが多いようです。これらの場合も、主治医に相談しましょう。

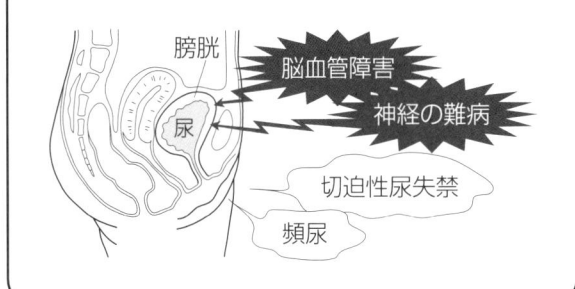

●薬の副作用

　薬の副作用によって、尿失禁や排尿困難が引き起こされる場合があります。

　薬を飲んでいて「何か気になる」場合は、主治医に相談してみましょう。

●精神的なこと

　頻尿は「不安がある」「強いストレスがある」など、精神的な要因でも起こります。

　ストレスが強い場合は、呼吸法などによるリラクゼーションを積極的に取り入れ、解消法を探ってみましょう。

　不安がとても強いような場合は、カウンセリングを受けることが有効な場合も考えられます。

講習内容(尿失禁予防の大切さを伝える解説)⑮

「医療相談」について②

■受診勧奨に繋がる知識として、「まずは医療機関の情報収集を行なうこと」などを説明しましょう。

※この「講習内容⑮」は、老研式尿失禁予防プログラム全8回のうち、6回目で使用できる内容を掲載しています。

医療機関への受診の際に注意したいこと

医療機関への受診の際に注意したいことを、ここではいくつか掲載します。できれば医師または看護師とともに、参加者へ専門医の医療機関への受診勧奨を行ないましょう。ここにあるようなことを伝えて、病院へ行くことへの抵抗感を取り除くだけでも、尿失禁予防・防・改善の観点からは活動が前進したといえるのです。

●まずは医療機関の情報収集で、不安感を拭いましょう

医療機関を探す際、まずは電話帳やインターネットなどで情報収集を行なうとよいでしょう。「尿失禁」や「排尿障害」の診療を看板に掲げている施設を見つけられたなら、相談も気軽にできることでしょう。

また、情報収集を行なう中で、医療機関のある程度の評判が見えてくる場合もあるでしょう。情報を収集できれば、不安感もきっと和らぐはずです。

●「排尿診療」のある医療機関も検討してみましょう

「排尿診療」とは、尿もれや尿が出づらいなど、排尿障害の診察・治療を行なうことです。

排尿診療に詳しい医師・医療機関は、日本にはまだ多いとは言えない実状のようですが、最近では「尿失禁外来」と掲げて、排尿診療を行なっている医療機関も増えつつあります。

ここでは検査機器も充実しているので、尿もれの原因や手術以外の治療法も見つけやすいといえます。

●受診の際は"尿がたまった状態"が望ましい

受診の際は"尿がたまった状態"が望ましいので、受診前はなるべくトイレを我慢するようにします。

「どのようにもれるか？ どんな時にもれるか？ いつから始まったか？」など尿もれの状況のほか、現在服用している薬や、今までにかかった病気などもメモしておくと、効率よく診察が進み、よいでしょう。

第1章のまとめ
運動習慣を定着させるために

※この内容は、老研式尿失禁予防プログラム全8回のうち、3～6・8回目で使用できる内容を掲載しています。

● **運動習慣を定着させるためのレクチャーを行なう**

第2章で紹介する「尿失禁予防・改善トレーニング」は、自宅で継続して行なうことでより高い効果を発揮します。自発的な自宅での取り組みを勧めるために、「運動習慣を定着させるための講習」を、毎回の教室の中で行なうとよいでしょう。この講習の中では毎回、教室の最後に「尿失禁予防トレーニング・実践記録カード」（P84・85）を配ります。そして、カードの下の項目「※運動を日常的に定着させるため～」に記入し、その内容から、次回の教室までの運動目標（いつ・どこで・誰と・どれくらい）を立ててもらいましょう。

特にはじめは取り組みへの意欲を高めるため、ハードルの低い、達成可能な目標を設定することが大切です。次回教室の開始時「運動習慣を定着させるための学習時間」（3～6回目）には、「目標達成度」の自己評価をしてもらいましょう。

取り組みが全く実践されていない場合でも、「なぜ実践できないのか」「どうすれば少しずつでもできそうか」を、スタッフと一緒に考えられる温かい環境をつくりましょう。下に、「運動トレーニングをずっと続けるために」として、長く取り組みを続けるための工夫をまとめました。講習の中で、運動の必要性や習慣化の工夫などを説明する・話し合う時間を設けるのもよいでしょう。この運動習慣の定着は、フォローアップの意味合いも含みます。

運動トレーニングをずっと続けていくために

障害を乗り越えるための工夫・ベスト5

【第1位】生活の中に運動を取り入れ、何かの用事の時に同時に運動する
● わざわざ出かけないで、仕事や家事を利用する
● 日常生活動作と組み合わせる（歯磨き、就寝など）

【第2位】車・交通機関・エスカレーターの利用を少なくする
● バス・電車をひと駅手前で降りて歩く
● 駅のエスカレーターを利用しない

【第3位】時間の管理をする
● 運動をする時間を決める
● 週1回は運動の時間を作り、家から出る

【第4位】家族・仲間と一緒に運動する
● 家族を誘う
● 家族と相談し、健康維持管理に取り組む

【第5位】気持ちを盛り上げる
●「元気で長生きしよう！」と自分に言い聞かせる

障害の種類別／乗り越えるための工夫

【疲れている時】
● 運動をしたくなる道具・服装を整える
● 運動着に着替えて外に出る意識を持つ

【気分が乗らない（ストレスを感じている）時】
● 他の楽しみを併せ持つ
● 途中で昼食を取ることを楽しみに外へ出かける

【天気が悪い時】
● 屋内でできる運動を工夫する

【その他】
「病気・けが」
● 風邪をひかないように気をつける
● 適量飲酒を心がける
「刺激・緊張感・満足感に乏しい」
● 競争的要素を加味する（自己記録、パートナーとの競争）
● 他の（好きな）種目との融合を考える

参考（「第1章：講習内容」P16～46の全体的な参考文献として）

● 保坂義雄：ひとりで学べるナーシングプロセス 膀胱の解剖・生理, メヂカルフレンド社 p132-136, 1999.
● 鈴木康之：尿失禁の原因と分類 別冊エキスパートナース, 12-21, 1996.
● 排泄を考える会：「排泄学」ことはじめ, 医学書院, 2003.
● 中田晴美：寝たきりの要因となる尿失禁 早期に継続的な予防対策を, Gpnet 51(5), 43-47, 2004.
● 古谷野亘 他：地域老人における失禁とその予後-5年間の追跡, 日本公衛誌 33, 11-16, 1986.
● 巴ひかる：尿もれ治療がわかる本 築地書館, 2002.
● 泌尿器科領域の治療標準化に関する研究班：EBMに基づく尿失禁診療ガイドライン, じほう, 2004.
● 福井準之助 編：プライマリケアのための高齢者尿失禁のマネジメント, 医薬ジャーナル, 2004.
● 吉川羊子、近藤厚生：尿失禁の原因とその分類, 産科と婦人科, 診断と治療社, 12(19)1660-1663, 2001.
● 中田真木：妊娠と尿失禁, 産婦人科の実際, 金原出版, 53(5), 751-757, 2004.
● 進純郎：排尿障害をきたす疾患とその治療-産婦人科領域-臨床と研究 80(8), 17-21, 2003.
● 上田朋宏：高齢者における尿失禁管理の特殊性について, 産婦人科の実際 53(5), p743-749, 2004.
● 新島礼子、西村かおる：骨盤底筋訓練,産婦人科の実際 53(5), 691-699, 2004.
● 平山暁秀他：切迫性尿失禁の診断, 産婦人科の実際 53(5), 679-684, 2004.
● 福井準之助他：ナースのための尿失禁ケアハンドブック, 医薬ジャーナル, 2001.
● 古山将康他：女性尿失禁の病態・産婦人科の実際, 金原出版, 53(5), 661-669, 2004.
● 後藤百万他：老人施設における高齢者排尿管理に関する実態と今後の戦略, 日本神経因性膀胱学会誌 (12)207-222, 2001.
● 鳥羽研二：高齢者尿失禁の問題点-尿失禁の機能評価と対策, 日本老年医学会誌 39(6)606-609, 2002.
● 本田幹彦, 古市無人：尿失禁のリハビリテーション, Geriatric Medicine, ライフ・サイエンス, 41(7)977-981, 2003.
● 榊原隆次他：高齢男子尿失禁の治療, Geriatric Medicine, ライフ・サイエンス, 40(7)897-901, 2002.
● 金憲経他：農村地域高齢者尿失禁発症に関連する要因の検討, 日本公衆衛生雑誌 51(8)612-622, 2004.
● 中田真木：高齢女子尿失禁の原因と診断, Geriatric Medicine, ライフ・サイエンス, 41(7), 903-906, 2003.
● 鈴木隆雄、大渕修一 監修:統介護予防完全マニュアル, 財団法人東京都高齢者研究・福祉振興財団, 2005.
● 鈴木隆雄、大渕修一 監修：指導者のための介護予防完全マニュアル, 財団法人東京都高齢者研究・福祉振興財団, 2004.
●「厚生労働省ホームページ内『健康日本21 生活習慣病を知ろう！（健康局総務課 生活習慣病対策室）』」(http://www.mhlw.go.jp/)

【第2章】

尿失禁予防・改善トレーニング

■【準備体操】
■【骨盤底筋体操】
■【筋力向上トレーニング】

準備体操

★ここでの準備体操とは、尿失禁予防・改善トレーニングに取り組む前に、**心身ともにリラックス**し、**全身への負荷を軽減させる**ために行なうものです。

●準備体操のポイント

体操に対する不安を軽減し、心身ともにリラックスした状態で実践できるようにするのがポイントです。

(1) 準備体操の主な効果

① 全身の緊張を和らげ、リラックスさせる
② 関節の可動域を大きくし、関節・筋がスムーズに動くようにする
③ 筋・腱・靭帯などの傷害を予防する
④ 運動神経と筋の働きがスムーズになり、負荷がかかる全身運動に無理なく反応できる

(2) 行ない方・取り組みのポイント

① 体力レベルの低い人は、準備体操時間を長くする
② 指導の初期段階には、準備体操時間を長くする
③ 運動経験がない人は、簡単でやりやすい項目を中心に段階的に行なう
④ 安全で、疲労が蓄積されない範囲で行なう
⑤ 運動を楽しむことの重要性を説明する
⑥ 痛みを感じない範囲で行なう
⑦ 他人と比較したり、競わないようにする

(3) 取り組む際の注意点

① 無理のない範囲で、各動作は余裕を持ってゆっくり自分のペースで行なう
② 反動をつけずに、また、呼吸を止めずに簡単な動作から始める
③ 伸ばす部位を意識しながら、全身の主な部位をバランスよく行なう

(1) 座位(椅子)→

①軽い足踏み

行ない方
① 椅子に浅く腰掛け、軽く足踏みを始めます。
② 徐々に強く足踏みを行ないます。
③ この動作を10回くらい繰り返し、ゆっくりと止めます。

効果 ●足の筋肉をほぐします。

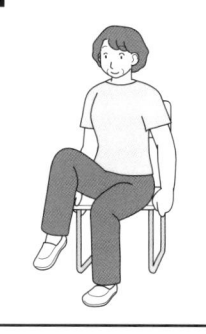

②肘の上げ・下げ

行ない方
① 腕の力を抜き、手をももの上に置きます。
② 肘を肩の高さまで上げた後、ゆっくりと下げる動作を4～8回繰り返します。
※肘を肩よりやや高く上げると、より効果的です。

効果 ●肩の筋肉をほぐします。

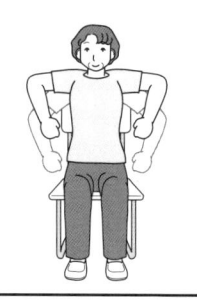

③首筋伸ばし

行ない方
① 頭の重みを感じながら首を横に倒し、首筋を伸ばします。
② (耳と肩を遠くに離すように)そのまま顎を引き前に倒す動作を4～8回繰り返します。

効果 ●首の筋肉をほぐします。

④腕上げ・横曲げ

行ない方
①胸の前で指を組んで、ゆっくりと頭の上に上げます。
②片側に少し曲げた後、ゆっくりと戻し、反対側に曲げます。
③曲げて3秒くらい止めた後、もとに戻す動作を4〜8回繰り返します。
※曲げる際、反動をつけずに真横へ曲げます。

効果 ●脇腹の筋肉をほぐします。

⑤上体曲げ伸ばし

行ない方
①手を膝の上に軽く置いて、背中を伸ばします。
②息を吐きながらゆっくりと上体を前に倒します。最初は軽く曲げ、徐々に深く曲げます。
③背中の力で、ゆっくりと上体を起こす動作を4〜8回繰り返します。
※頭が最後になるように上体を起こすと、背中により強い力がかかります。

効果 ●脊椎起立筋をほぐします。

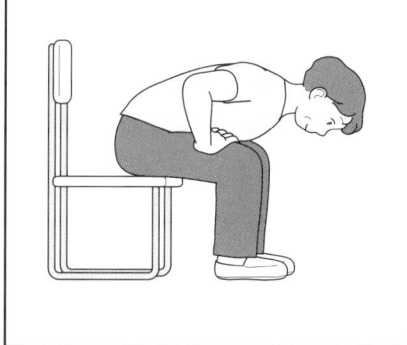

⑥肩甲骨伸ばし

行ない方
①手を胸の前で組み、頭を下げながら、腕をゆっくりと前方に伸ばします。
②腕を伸ばした状態で肩甲骨をやや右側に伸ばし、その後、左側に伸ばす動作を4〜8回繰り返します。

効果 ●肩甲骨部位をほぐします。

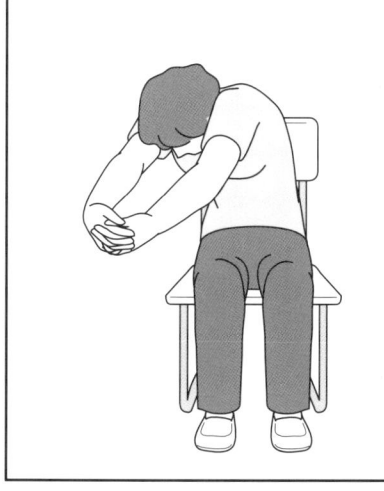

⑦両足上げ・膝の開閉

行ない方
①椅子に腰掛け、両手を椅子について体を支えます。
②両足を軽く上げ、膝をゆっくりと開いた後、閉じる動作を4〜8回繰り返します。

効果 ●腸腰筋と内転筋をほぐします。

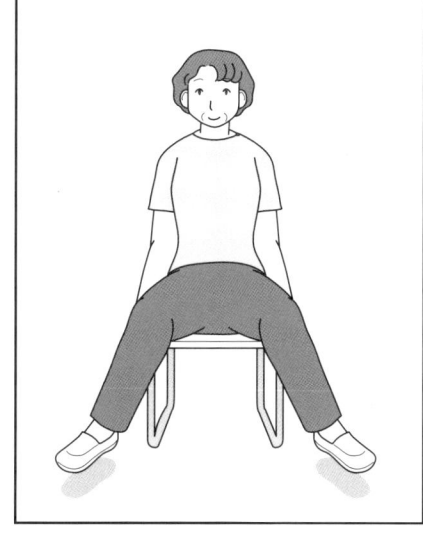

⑧足の前後開き

行ない方
①両足を軽く上げ、左足は前に右足は後ろに開き、床につけた後、もとに戻します。
②次に、右足を前に左足を後ろに開き、床につけ、もとに戻す動作を4回〜8回繰り返します。

効果 ●腹筋・腸腰筋・大腿四頭筋をほぐします。

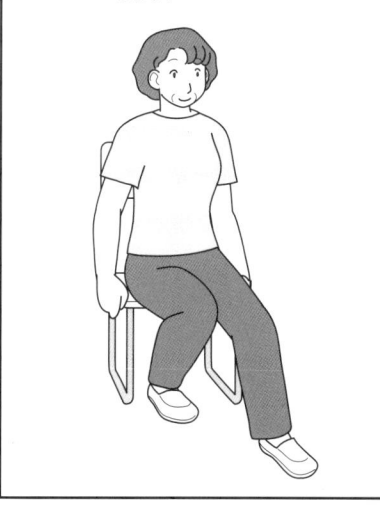

第2章・尿失禁予防・改善トレーニング

(2) 立位→

⑨足踏み

行ない方
①自然に立って軽く足踏みを始め、徐々に強く行ないます。
②この動作を10回繰り返した後、ゆっくりと止めます。

効果 ●全身の筋肉をほぐします。

⑩腕振り

行ない方
①膝を軽く曲げ、肘は90度に曲げ、前後に軽く振ります。
②最初は小さく、徐々に大きく軽快に10回振り、ゆっくりと止めます。

効果 ●肩の筋肉をほぐします。

⑪腕の左右振り

行ない方
①両足を肩幅に開き、膝を軽く曲げます。
②両腕を腰にからませるような感じで、上半身を左右へ軽快に回します。
③最初は小さく、徐々に大きく腕を振ります。
④この動作を10回繰り返した後、ゆっくりと止めます。

効果 ●上半身の筋肉をほぐします。

⑫肩回し

行ない方 ●肘を軽く曲げ、前から後ろに4回、後ろから前に4回、回します。

効果 ●肩の筋肉をほぐします。

⑬反り伸び

行ない方
①頭上で手を組み（肘は伸ばさなくてもかまいません）片側に少し曲げ、脇腹を伸ばします。
②その後、ゆっくりと戻して反対側に曲げる動作を4回繰り返します。

効果 ●腹筋をほぐします。

⑭膝の屈伸・回し

行ない方
① 両手を膝に当て、2～3回くらいゆっくりと膝を折り曲げた後、伸ばします。
② 両膝を右に2～3回くらい回します。
③ 両膝を左に2～3回くらい回します。

効 果 ●膝をほぐします。

⑮腰の前後曲げ

行ない方
① 両手を腰に当て、上半身を軽く後ろに反らした後、ゆっくりと前に倒します。
② 最初は少し曲げ、徐々に大きく曲げます。
③ 反動をつけずに4～8回繰り返します。

効 果 ●腰の筋肉をほぐします。

⑯腰回し

行ない方 ●両手を腰に当て、ゆっくりと右に3回、左に3回、回します（反らせると腰が痛い場合は、痛みのない範囲で行ないましょう）。

効 果 ●腰の筋肉をほぐします。

⑰軽いスクワット

行ない方
① 腕を胸の前で軽く組み、膝を少し折り曲げます。
② その後、ゆっくりと伸ばす動作を4～8回繰り返します。
※筋力アップ運動ではないので、反動をつけずに軽く行ないます。
※膝に痛みのある人は、無理をしないでください。

効 果 ●足を軽く刺激します。

みんなで楽しもう！
準備体操のリーダーは日替わり

一連の体操を覚えた参加者には前に立ってもらい、みんなの見本として準備体操を進めてもらいましょう。
本人にとって、きちんと覚えられたかどうかの確認にもなります。

第2章・尿失禁予防・改善トレーニング

骨盤底筋体操

★骨盤底筋体操とは、尿失禁予防・改善トレーニングの中で特に重要となる、骨盤底筋を鍛える体操です。意識して体操に取り組みましょう。

●骨盤底筋体操は尿失禁予防・改善トレーニングの基本

ここで紹介するP59までの「骨盤底筋体操」は、尿失禁予防・改善トレーニングの主となる体操です。まずは骨盤底筋を鍛えて尿もれを軽減し、骨盤底筋を補強する筋力向上トレーニングを一緒に行なうことが好ましいのです。

骨盤底筋については「第1章：講習内容」のP28・29で触れていますが、ここで改めて確認するようにしてください。

これからP54までで、「骨盤底筋体操」についての効果・行ない方・取り組む際の注意点をイラスト付きで紹介していきます。

骨盤底筋体操の説明

（1）骨盤底筋体操の効果

腹圧性尿失禁の主要因となっている脆弱化した骨盤底筋群を鍛えることにより、尿失禁を予防・改善する効果があります。

（2）行ない方・取り組みのポイント

①骨盤底筋をイメージしながら行なう

②リラックスするために、息を吸うことより吐くことを意識した呼吸を行なう

③お腹の力を抜いて楽にする。まず、「おならが出そうな時に肛門を締めて我慢する状態」のように締めた後、緩める動作を繰り返す

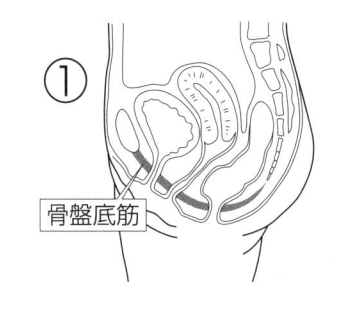

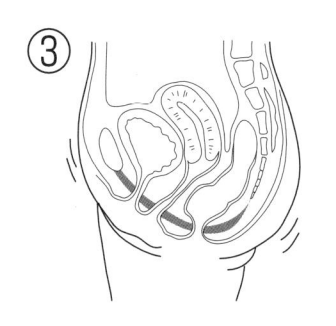

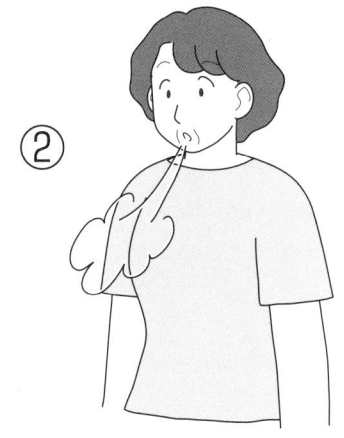

④排尿している状態をイメージし、途中で尿を止める感じで尿道を強く締め、緩める動作を繰り返す

⑤肛門を締め、締めたまま尿道も締め、緩める動作を繰り返す

⑥締める際に、肛門・尿道を吸い上げるような感じで、持ち上げる

⑦骨盤底筋の収縮は、「ぎゅっ」と速く強い締め方（2〜3秒程度）と、「ぎゅ〜っ」と長く収縮を続ける（5〜8秒程度）締め方の2つの方法を併用して行なう

⑧収縮の際に息を止めずに、呼吸を普通にしながら行なう

⑨1セットは10回前後、1日50回を目安とする

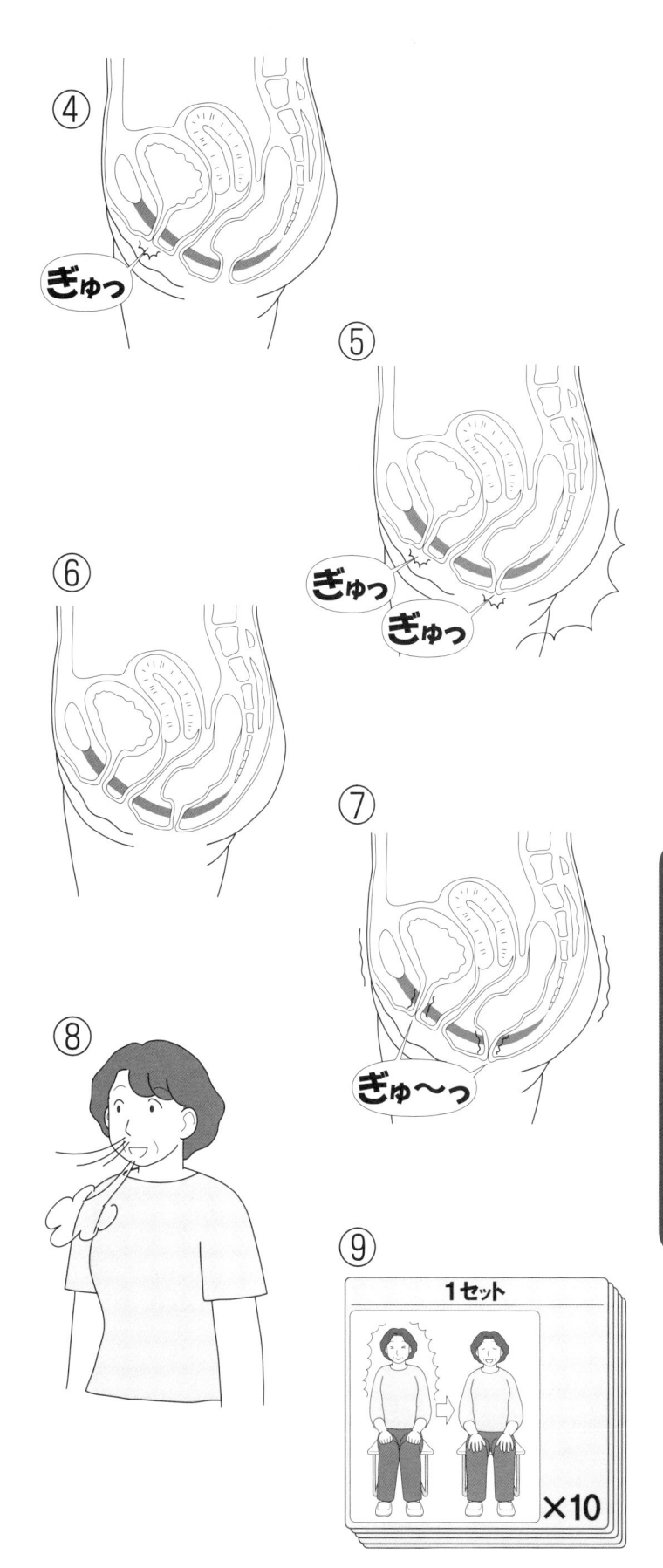

（3）取り組む際の注意点

①リラックスした状態で行なう

②お腹に力が入って息むと、骨盤底筋に負担を与えて逆効果になる

③締めているときと緩めているときのメリハリが必要

④楽にする時間は「締める」時間の2倍程度与えて、筋肉を休ませる

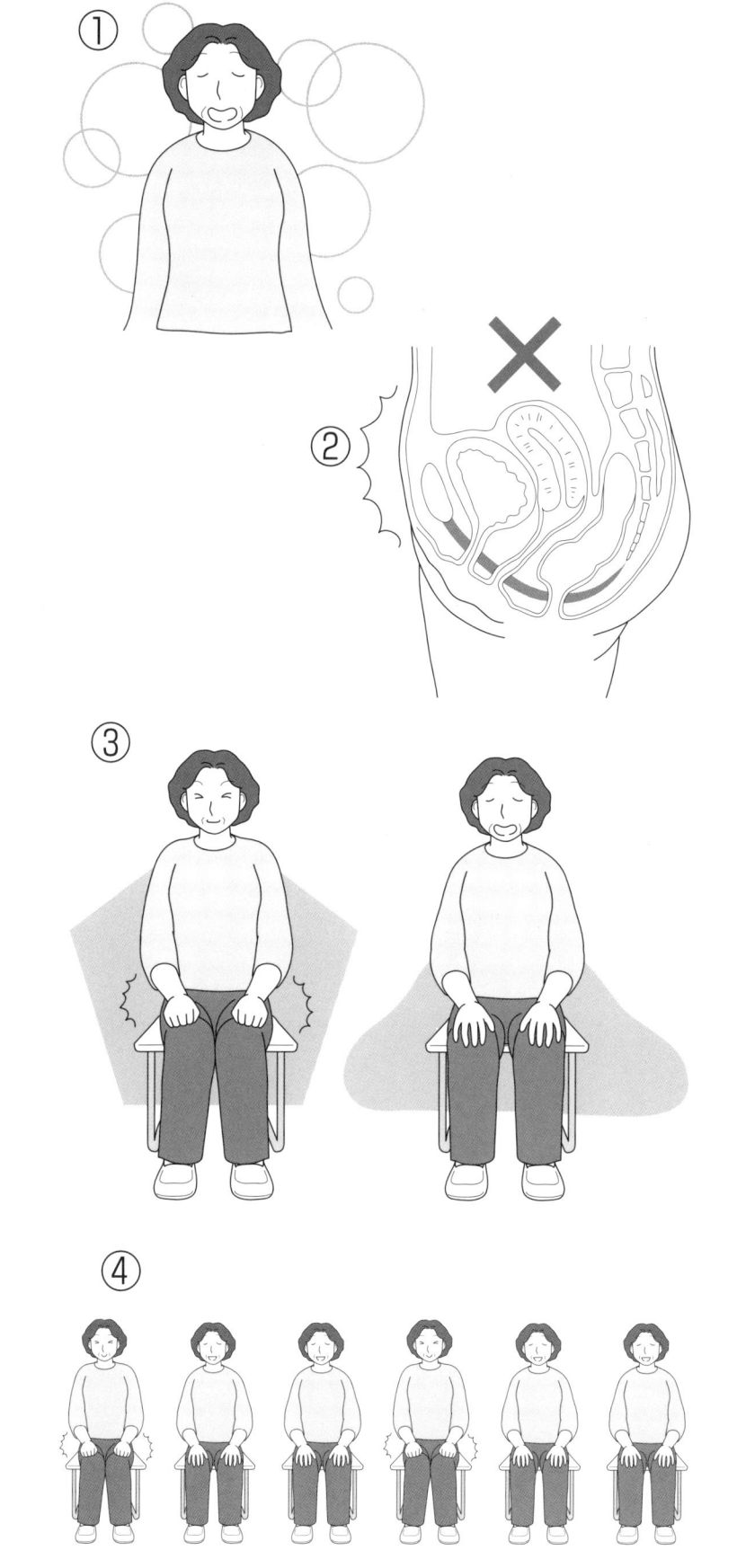

骨盤底筋体操

■尿失禁予防・改善トレーニングの基礎体操

座って収縮体操
～座位～

■「椅子に座っている時などに、"ギュッ""ギュ～ッ"と意識して締めてみましょう…」

行ない方
①イスに浅く座り、足は軽く開きます。
②手はももの上、または体の横などに置き、背筋を楽に伸ばします。
③P52～54の特に「(2)行ない方・取り組みのポイント」を参照しながら、骨盤底筋の収縮を1セット5～10回前後行ないます。

効果
●腹圧性尿失禁の主要因となっている脆弱化した骨盤底筋を鍛えることにより、尿失禁を予防・改善します。

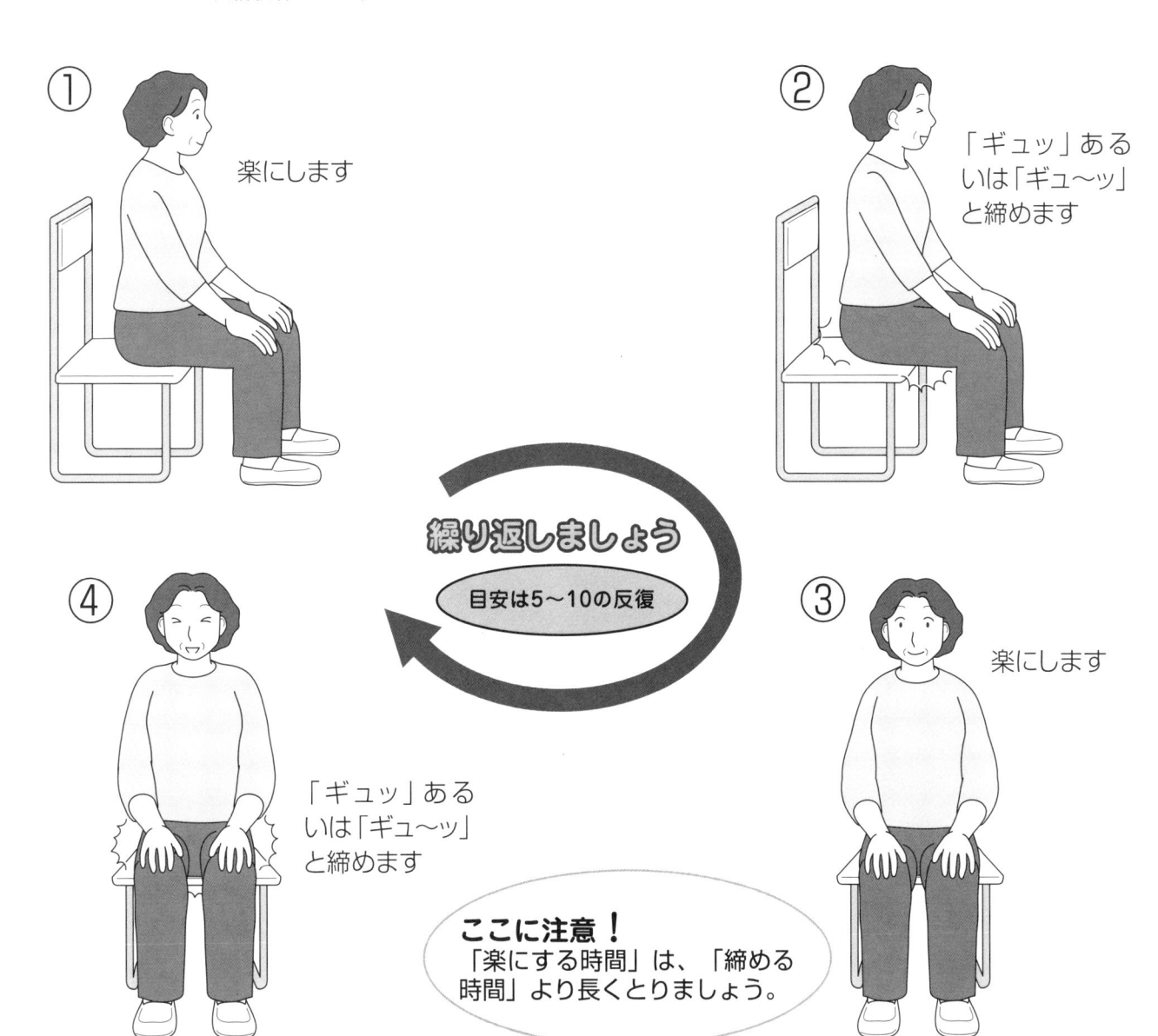

① 楽にします

② 「ギュッ」あるいは「ギュ～ッ」と締めます

繰り返しましょう
目安は5～10の反復

③ 楽にします

④ 「ギュッ」あるいは「ギュ～ッ」と締めます

ここに注意！
「楽にする時間」は、「締める時間」より長くとりましょう。

第2章・尿失禁予防・改善トレーニング

骨盤底筋体操

■尿失禁予防・改善トレーニングの基礎体操

寝たまま収縮体操
～仰臥位（仰向け）～

■「布団に入る時、入ってから。または起きる前などに、意識して締めてみましょう…」

行ない方
① 足を軽く開き、膝を立てて仰向けに寝ます。（円背などでこの姿勢が辛い場合、パットなどを枕代わりに使用します）。
② P52～54の特に「(2)行ない方・取り組みのポイント」を参照しながら、骨盤底筋の収縮を1セット5～10回前後行ないます。

効果
● 腹圧性尿失禁の主要因となっている脆弱化した骨盤底筋を鍛えることにより、尿失禁を予防・改善します。

① 楽にします

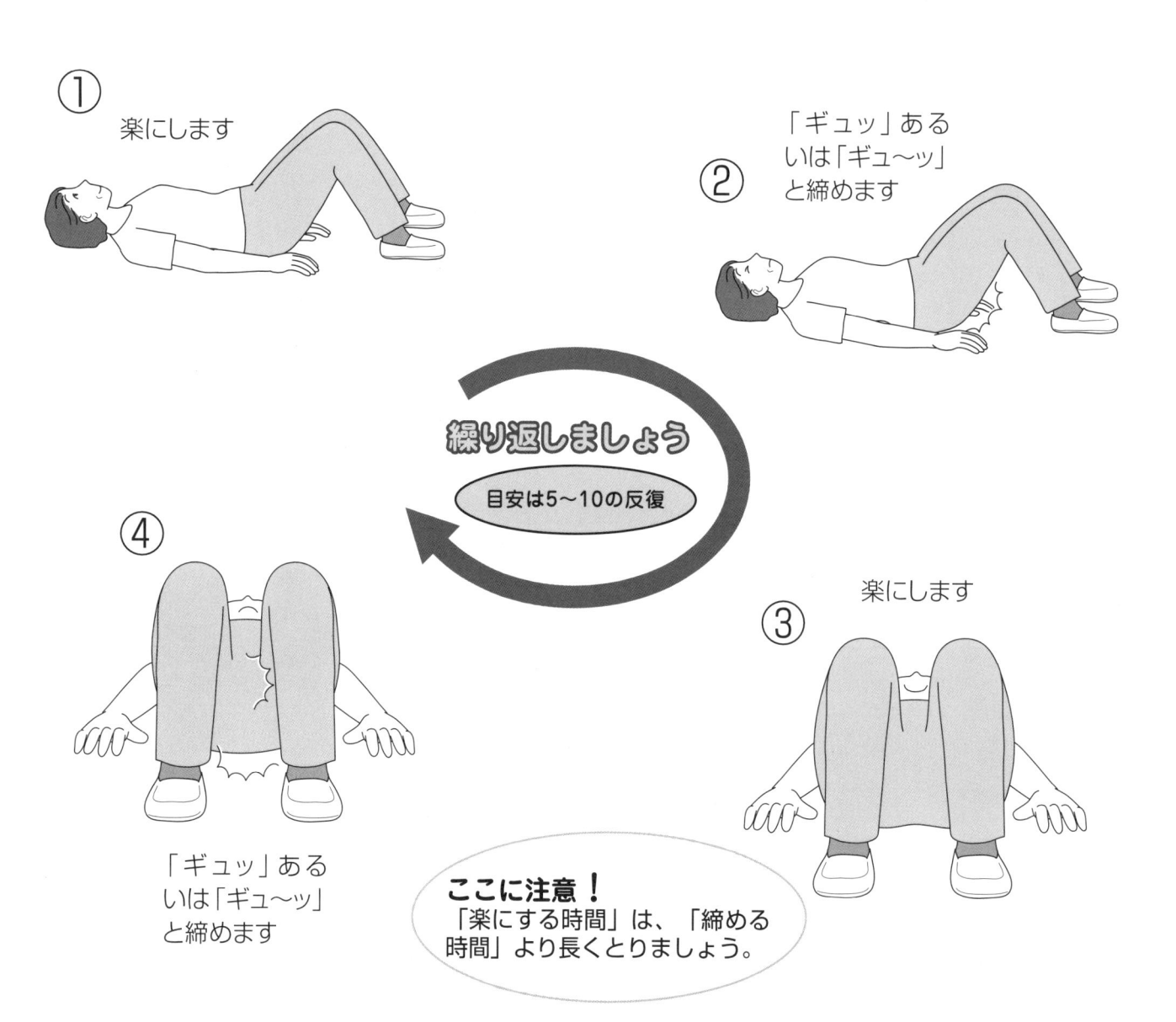

② 「ギュッ」あるいは「ギュ～ッ」と締めます

繰り返しましょう
目安は5～10の反復

④ 「ギュッ」あるいは「ギュ～ッ」と締めます

③ 楽にします

ここに注意！
「楽にする時間」は、「締める時間」より長くとりましょう。

骨盤底筋体操
■尿失禁予防・改善トレーニングの基礎体操

立ったまま収縮体操
～立位～

■「立っている時、または不安定なら机などにつかまったまま、意識して締めてみましょう…」

行ない方
① テーブルなどの側に立ち、足を肩幅に開きます。肩幅に開いた手をテーブルなどにつき、軽く前傾姿勢をとってもたれます（安定した台などを使用しましょう）。
② P52～54の特に「(2)行ない方・取り組みのポイント」を参照しながら、骨盤底筋の収縮を1セット5～10回前後行ないます。

効果
● 腹圧性尿失禁の主要因となっている脆弱化した骨盤底筋を鍛えることにより、尿失禁を予防・改善します。

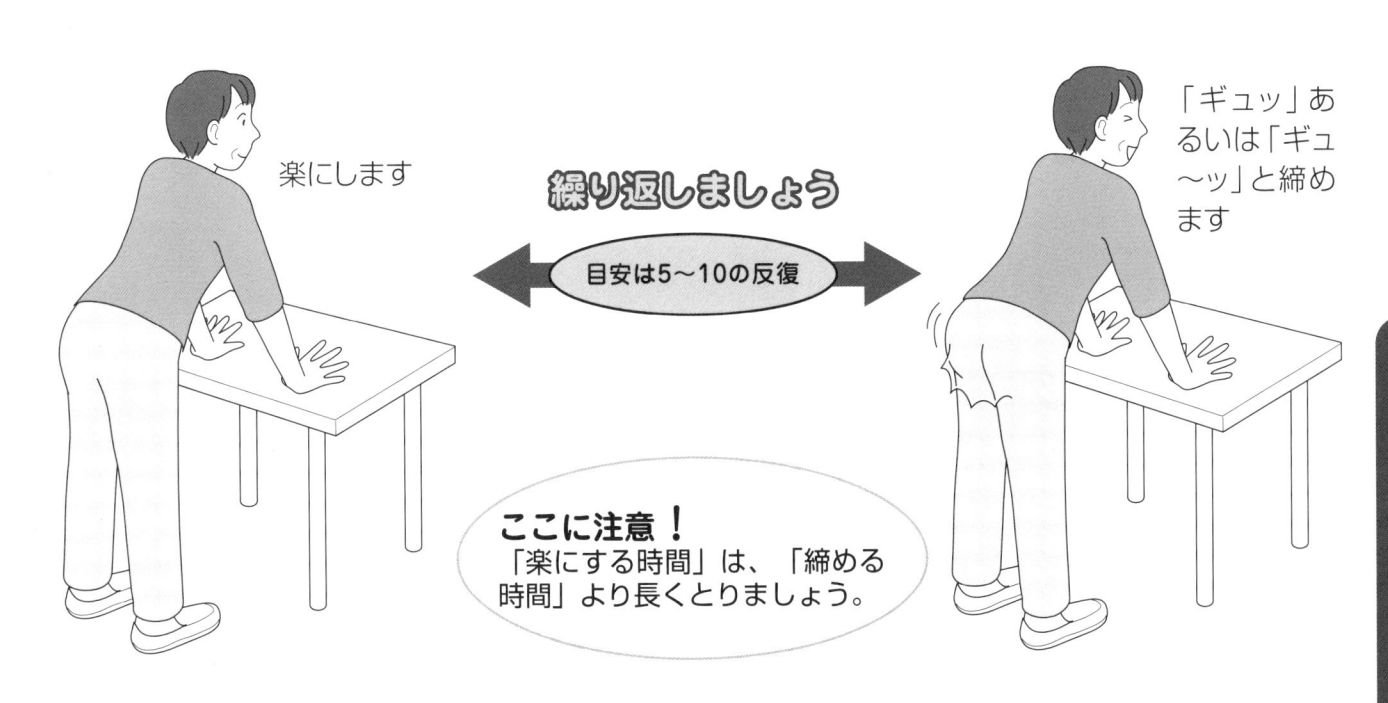

楽にします

繰り返しましょう
目安は5～10の反復

「ギュッ」あるいは「ギュ～ッ」と締めます

ここに注意！
「楽にする時間」は、「締める時間」より長くとりましょう。

みんなで楽しもう！
みんなせーので "ギュッ" "ギュ～ッ"

椅子に座った状態、寝た状態、立ったままの状態、いずれも問いません。リーダーの合図で"ギュッ""ギュ～ッ"と締めてください。参加者みんなで「せーの」「そーれ」などと声を合わせて一斉に締める・緩める動作を行なっても楽しいでしょう。

第2章・尿失禁予防・改善トレーニング

骨盤底筋体操

■骨盤底筋体操の応用として

いつでも・どこでも骨盤底筋体操

■「骨盤底筋体操の応用は、日常生活の中で自然と"締める"ことに他なりません…」

骨盤底筋体操を習得したら、さまざまな動きの中で骨盤底筋を"締める"よう意識してみましょう。

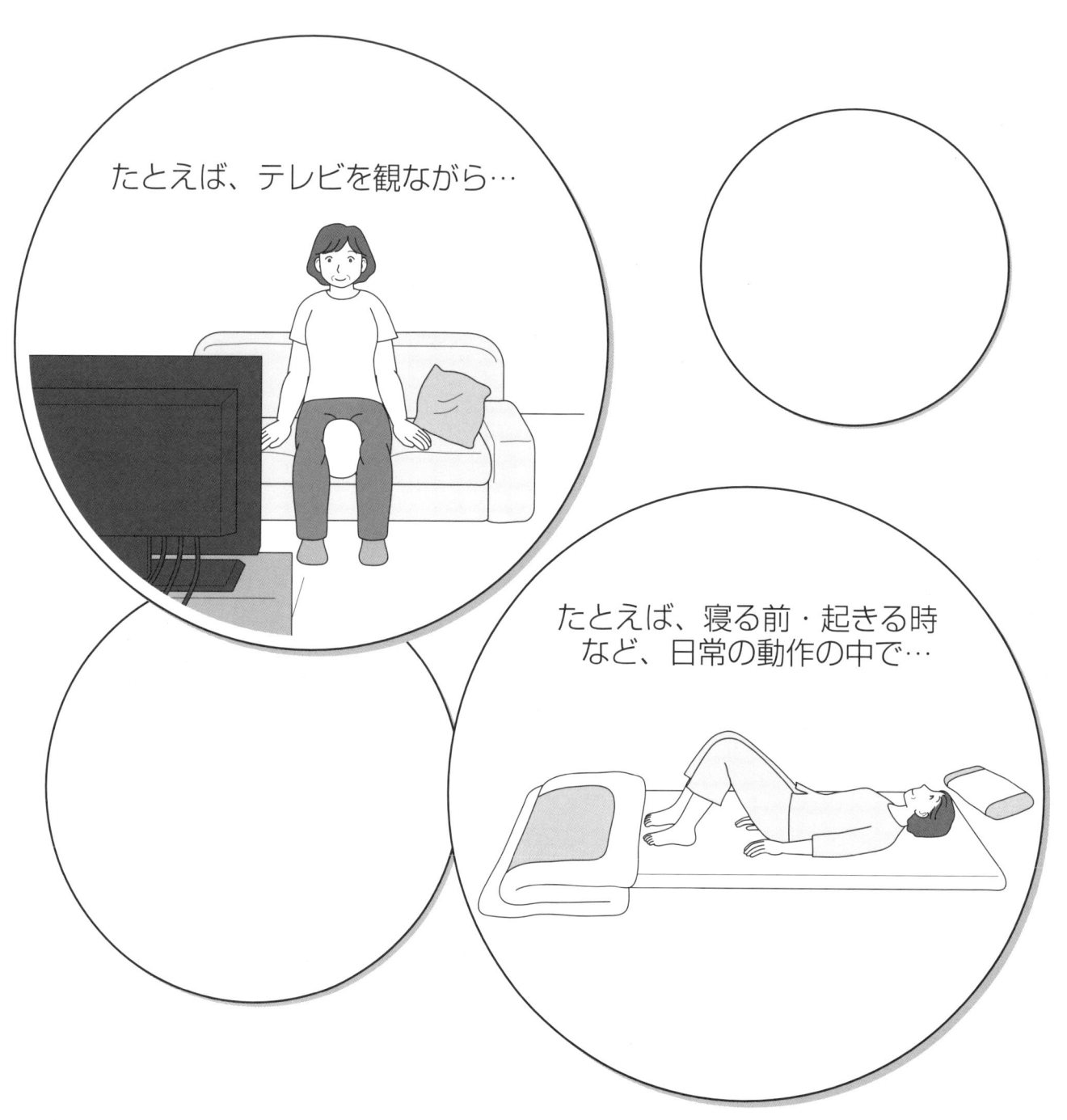

たとえば、テレビを観ながら…

たとえば、寝る前・起きる時など、日常の動作の中で…

たとえば、椅子からの立ち上がりの時…

たとえば、電車やバスで出かける時…

その他、重い物を持ち上げる時など。日常の中で意識して、普段の行動を「骨盤底筋体操」に応用してみましょう。きっと高い効果を期待できるはずです。

第2章・尿失禁予防・改善トレーニング

骨盤底筋補強

筋力向上トレーニング

★筋力向上トレーニングとは、骨盤底筋を補強するために、全身の運動器の向上を目指して行なうものです。

●筋力向上トレーニングのポイント

骨盤底筋を補強する「全身の運動器の機能」を向上させるための運動プログラムを組み合わせて実施します。特に筋力向上トレーニングでは、回を追うごとに強度や回数を上げて、対象者が無理なく、気軽に実践できるようにすることがポイントです。

(1) 筋力向上トレーニングの効果
①下肢、腹筋の筋力が増大し、骨盤底筋の強化を支持する
②歩行能力が改善する
③全身の筋力がバランスよく増大することにより、身体機能が高まる

(2) 行ない方・取り組みのポイント
①初期段階には簡単でやりやすい項目を中心に行なう
②無理をせずに自分のペースで、各動作は余裕を持ってゆっくりと行なう
③鍛えられる部位を意識しながら、主な部位をバランスよく行なう
④特に体操ごとに「行なう回数・秒数」の明記がなければ、各項目は5～10回反復、2～3秒を目安に行なう
⑤運動負荷と反復回数は、一人ひとりの体力水準に応じて「加減」する
⑥できない動作は時間をかけて、段階的に行なう
⑦腰や膝の痛みを感じない範囲で行なう

(3) 取り組む際の注意点
①準備運動を十分に行なってから、筋力向上トレーニングを行なう
②疲労が残らないように、運動時間と項目を調整する
③気軽にできる項目から始める
④息を止めずに、普通の呼吸をしながら行なう
⑤腰や膝に負担がかかる項目は注意しながら行なう

※体操の並び順のとおり、その負荷が高くなるように掲載しています。

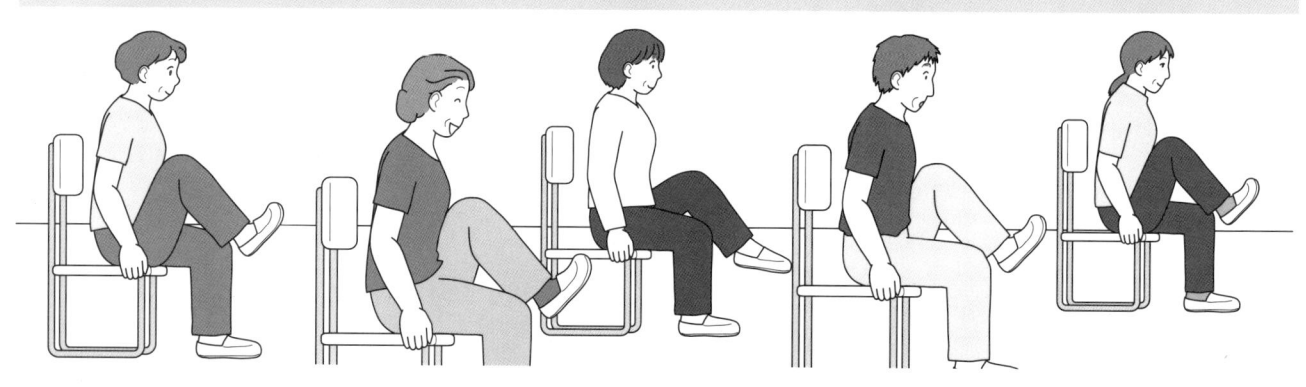

筋力向上トレーニング①

■体をしっかり鍛えて尿失禁予防！

膝ぴた、ぎゅ～っ
～膝合わせ閉め～

■「膝をぴったりとくっつけて"ギュ～ッ"とすると、腰からもものあたりに力が入りますね…」

行ない方
①足を肩幅に開いて、椅子に浅く腰掛けます。
②両膝を合わせ、膝頭に力を入れたまま2～3秒保持した後、緩めます。
③この一連の動作を4～8回繰り返します。

効　果　●内転筋群を鍛えます。

繰り返しましょう
目安は4～8回の反復

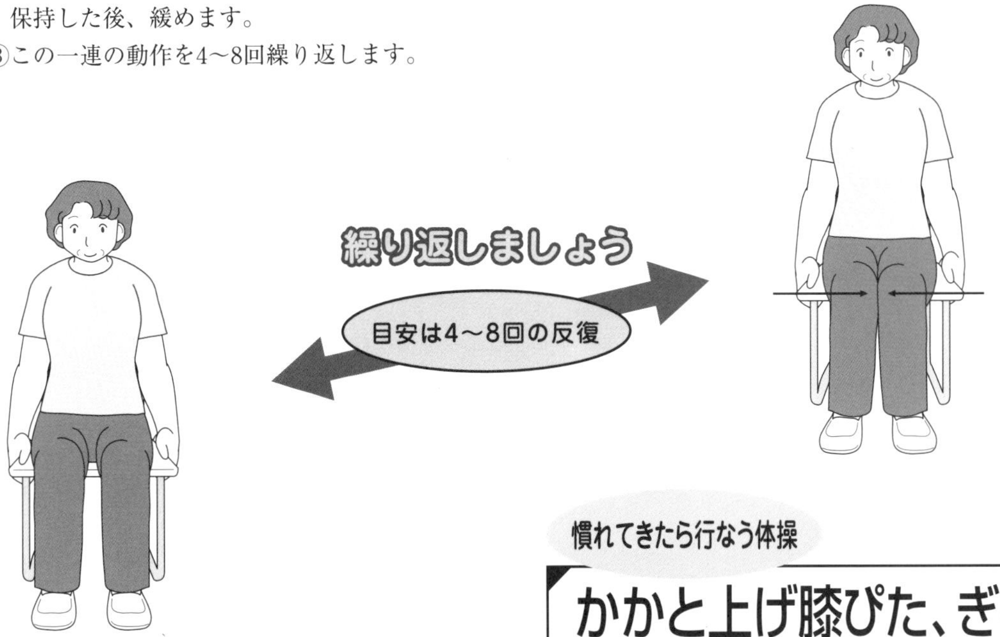

慣れてきたら行なう体操

かかと上げ膝ぴた、ぎゅ～っ
～踵を上げながら膝合わせ閉め～

行ない方
①椅子に腰掛け、足を肩幅に開きます。
②膝を合わせ、踵をゆっくりと持ち上げながら膝頭に力を入れ、締めます。
③ゆっくり踵をおろしながら膝を緩める動作を4～8回繰り返します。

効　果　●内転筋群を鍛えます。

繰り返しましょう
目安は4～8回の反復

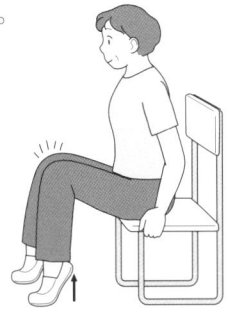

●「尿失禁予防トレーニング」としてここに注意！

当社刊「転倒予防体操のアクティビティ」（同・介護予防シリーズ）のP21「内転筋膝ぴた、ぎゅ～っ」と同様の動きですが、ここでは尿失禁予防トレーニングとして『特に股の内側とその周辺の筋肉』を意識して行なうようにしましょう。

第2章・尿失禁予防・改善トレーニング

※次頁に、この「応用体操」を掲載しています→

※前頁の「応用体操」です↓

この体操にも挑戦してみましょう！

前後に骨盤ゆりかご
～骨盤の前後上げ～

行ない方
① 手を腰に軽く当てて椅子に浅く座り、背中を伸ばします。
② 骨盤をゆっくりと斜め前方に上げた後、もとに戻します。
③ その後、斜め後方に上げ、もとに戻す動作を4～8回繰り返します。

効果 ●骨盤の筋肉を鍛えます。

ここに注意！
最初は軽く上げ、徐々にしっかりと上げるようにしましょう。

繰り返しましょう
目安は4～8回の反復

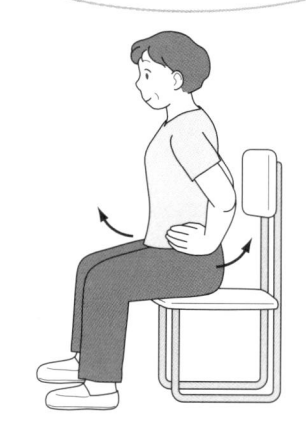

左右に骨盤ゆりかご
～骨盤の左右上げ～

行ない方
① 手を腰に軽く当てて椅子に浅く座り、背中を伸ばします。
② 骨盤をゆっくりと右側に上げた後、もとに戻します。
③ その後、左側に上げ、もとに戻す動作を4～8回繰り返します。

効果 ●骨盤の筋肉を鍛えます。

ここに注意！
最初は軽く上げ、徐々にしっかりと上げるようにしましょう。

繰り返しましょう
目安は4～8回の反復

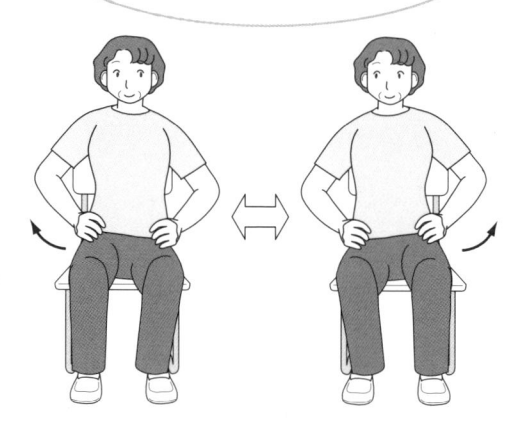

筋力向上トレーニング①

■体をしっかり鍛えて尿失禁予防！

どっしり足踏み
～片膝上げ・胸寄せ（左右）～

■「いつもより大きな足踏みをしてみましょう。床につける足に力を込める必要はありません…」

行ない方
① 椅子に腰掛け、片足を軽く上げてから、膝を胸の方へ引き寄せます。
② その後、緩める動作を2～4回行ない、足を下ろします。
③ 反対の足も同様に行ないます。

効果 ●腹筋や腸腰筋を鍛えます。

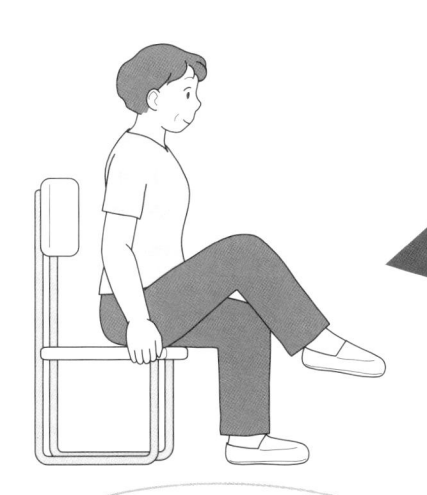

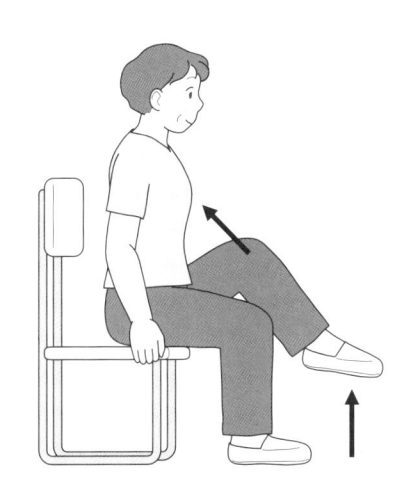

繰り返しましょう
目安は2～4回の反復

ここに注意！
寄せる際、足に力を入れず行ないましょう。

慣れてきたら行なう体操

膝バッタ
～両膝上げ・胸寄せ～

行ない方
① 両足を軽く上げ、膝を胸の方へ引き寄せます。
② その後、緩める動作を2～4回繰り返し、足を下ろします。
※寄せる際、足に力を入れず行ないましょう。

効果 ●腹筋・腸腰筋を鍛えます。

繰り返しましょう
目安は2～4回の反復

●「尿失禁予防トレーニング」としてここに注意！

当社刊「転倒予防体操のアクティビティ」（同・介護予防シリーズ）のP23「腸腰筋どっしり足踏み」（本書・どっしり足踏み）、P24「腸腰筋膝バッタ」（本書・膝バッタ）と同様の動きですが、ここでは尿失禁予防トレーニングとして『特に腹部とその周辺の筋肉』を意識して行なうようにしましょう。

第2章・尿失禁予防・改善トレーニング

筋力向上トレーニング①

■体をしっかり鍛えて尿失禁予防！

膝のしゃくとり虫
～片足上げ・閉め～

■「まるでしゃくとり虫のように、足を曲げ伸ばししてみましょう。無理のない程度に、どこまで膝が上がりますか？…」

行ない方
① 片足を股よりやや高く上げ、内側に締めるように寄せます。
② その後、緩める動作を2～4回行ない、足を下ろします。
③ 反対の足も同様に行ないます。

効　果　●内転筋・腸腰筋・腹筋を鍛えます。

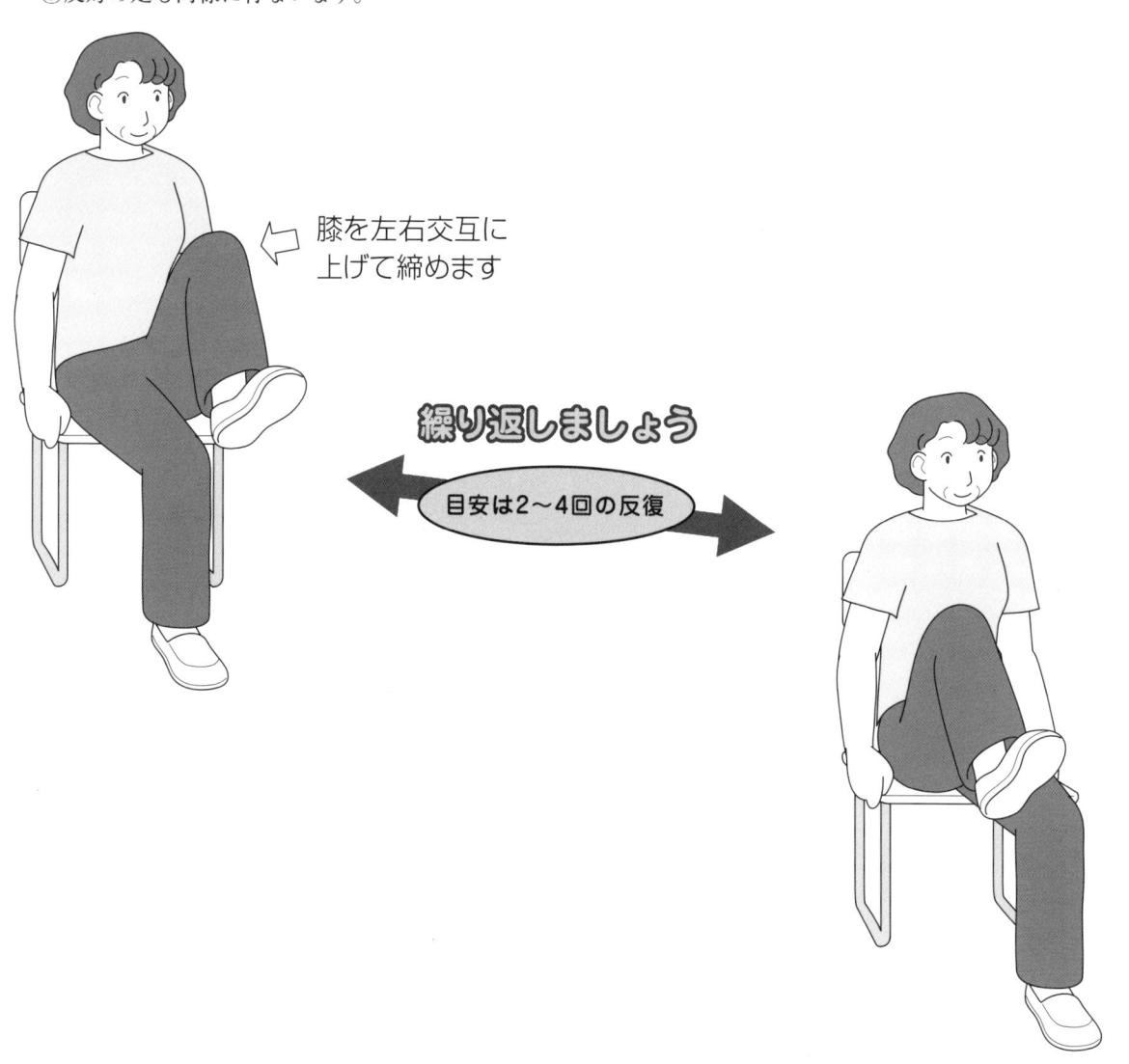

⇐ 膝を左右交互に上げて締めます

繰り返しましょう

目安は2～4回の反復

※次頁に、この「応用体操」を掲載しています→

※前頁の「応用体操」です↓

この体操にも挑戦してみましょう！

両足ブイの字屈伸
～両足前後・左右移動～

行ない方
① 椅子に座り、両足を揃えて足を軽く上げ、前方に伸ばします。床につけた後、もとに戻してください。
② その後、両足を後ろに曲げ、床につけたあと、もとに戻します。
③ 同様の動作を、前方の椅子を中心軸として、左右に行ないます。

効果
● 腹筋を鍛えます。

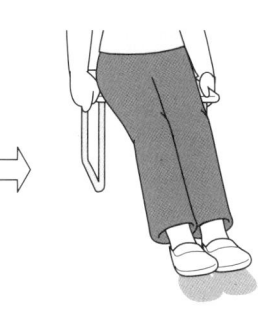

繰り返しましょう

目安は2～4回の反復

足組み体操
～足上げ・片膝曲げ～

行ない方
① 両足を伸ばして床から軽く上げ、片側の膝を少し曲げます。踵を反対側の足首の上に持っていきます。
② 力を入れずに、踵で、伸ばした足の上をなぞるように、足首から膝へゆっくりと移動させます。その後、戻す動作を3回繰り返してください。
③ 反対の足も同様に行ないます。

効果
● 腹筋・腸腰筋を鍛えます。

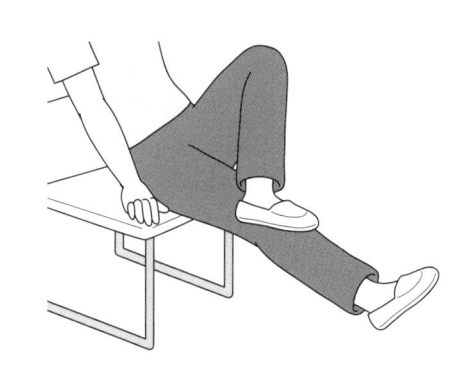

繰り返しましょう

目安は2～4回の反復

第2章・尿失禁予防・改善トレーニング

筋力向上トレーニング②

■体をしっかり鍛えて尿失禁予防！

骨盤振り子時計（前後）
～骨盤の前後持ち上げ下げ～

■「振り子時計の振り子がカチカチと揺れるように、骨盤を前後させるイメージで体操を行なってみましょう…」

行ない方
①自然に立ち、足を肩幅に開きます。
②手を腰に軽くつけ、ひざを少し曲げ、骨盤を斜め前方にゆっくりと持ち上げます。その後、もとに戻します。
③次に、ゆっくりと斜め後方に上げた後、もとに戻す動作を4～8回繰り返します。

効果 ●骨盤の筋肉を鍛えます。

ここに注意！
最初は軽く上げ、徐々にしっかりと上げて行きます。

繰り返しましょう
目安は4～8回の反復

慣れてきたら行なう体操

骨盤振り子体操（左右）
～骨盤の左右持ち上げ下げ～

行ない方
①自然に立ち、足を肩幅に開きます。
②手を腰に軽くつけ、ひざを少し曲げ、骨盤を右側にゆっくりと持ち上げます。その後、もとに戻します。
③次に、ゆっくりと左側に上げた後、もとに戻す動作を4～8回繰り返します。

効果 ●骨盤の筋肉を鍛えます。

ここに注意！
最初は軽く上げ、徐々にしっかりと上げて行きます。

繰り返しましょう
目安は4～8回の反復

※次頁に、この「応用体操」を掲載しています→

※前頁の「応用体操」です↓

この体操にも挑戦してみましょう！

骨盤ジンジン緊張体操
～中腰～

行ない方
①足を肩幅より広く開いて立ちます。
②両手を軽く腰に当て、膝を少し曲げ、お尻を軽く落とします。
③体をリラックスして、この姿勢を20秒くらい保持した後、ゆっくりと膝を伸ばします。
④この一連の動作を2～3回繰り返します。

効 果 ●骨盤筋・大腿四頭筋を鍛えます。

繰り返しましょう
目安は2～3回の反復

みんなで楽しもう！
骨盤ジンジン20秒しりとり

参加者5～6人程度で円になって立ちます。同時に「骨盤ジンジン緊張体操」を行ない、しりとりを行ないましょう。一巡したら体操を解きます。これを数セット行なってみましょう。5～6人で円を組むのは、一巡するのが20秒程度になることを考慮してのことですので、参加者によっては人数を増減してもかまいません。

第2章・尿失禁予防・改善トレーニング

筋力向上トレーニング②

■体をしっかり鍛えて尿失禁予防！

ヨイショの荷物上げ下ろし
～重心の持ち上げ下げ～

■「荷物を持ち上げる時、足腰をふんばりますね。今回は、その時の姿勢を体操として取り入れてみます…」

行ない方
① 足を広く開いて背中を伸ばし、ゆっくりと膝を曲げてしゃがみます。
② 重いものを持ち上げるような感じで、膝を90度くらいに伸ばした後、深く曲げます。
③ この一連の動作を4～8回繰り返します。

効　果　●骨盤筋・大腿四頭筋を鍛えます。

ここに注意！
膝が痛い人は無理をしないでください。

繰り返しましょう
目安は4～8回の反復

慣れてきたら行なう体操

背中・脚裏すべり台
～膝曲げ・重心上げ下げ～

行ない方
① 足を前後に広く開いて、右足は膝を曲げ、左足は伸ばしたままで、重心を下ろします。
② 重心をゆっくりと上げた後、下ろす動作を3回くらい行ないます。その後、足を替えて、同様の動作を行ないます。
③ この一連の動作を2～3回繰り返します。

効　果　●骨盤筋・大腿四頭筋を鍛えます。

ここに注意！
膝が痛い人は無理をしないでください。

繰り返しましょう
目安は2～3回の反復

※次頁に、この「応用体操」を掲載しています→

※前頁の「応用体操」です↓

この体操にも挑戦してみましょう！

もも絞り
～上体回し～

行ない方
①両足を肩幅より広く開き、両膝を軽く曲げます。
②胸の前で大木を抱えるような感じで、中指を軽く合わせます。
③体の中心線を軸に、上半身をゆっくりと右に回した後、ゆっくりと左に回します。
④この一連の動作を2～3回繰り返します。

効 果
●骨盤筋・大腿四頭筋を鍛えます。

繰り返しましょう
目安は2～3回の反復

ここに注意！
体を回す際、下半身を固定して、上半身のみを左右に回します。

●「尿失禁予防トレーニング」としてここに注意！

　当社刊「転倒予防体操のアクティビティ」（同・介護予防シリーズ）のP50「大腿四頭筋・上体絞り」と同様の動きですが、ここでは尿失禁予防トレーニングとして『特にももとその周辺の筋肉』を意識して行なうようにしましょう。

第2章・尿失禁予防・改善トレーニング

筋力向上トレーニング②

■体をしっかり鍛えて尿失禁予防！

足裏合わせ上げ下げ
～足の上げ下げ～

■「足の裏を合わせて、それを浮かせてみます。おなかにグッと力が入りますね…」

行ない方
①両手を後ろにつき、足の裏を合わせます。
②ゆっくりと両足を持ち上げ、この姿勢を2～3秒くらい保持した後、下ろします。
③この動作を4～8回繰り返します。
④慣れてきたら、足の上げ下げを2回行なった後、足を下ろすようにします。

効果 ●腹筋を鍛えます。

繰り返しましょう
目安は4～8回の反復

慣れてきたら行なう体操

膝パタパタ開き閉じ
～足上げ膝の開閉～

行ない方
①両手を後ろにつけ、膝を曲げ、足の裏を合わせます。
②足を上げた状態で、膝を開いた後閉じる動作を3回くらい繰り返した後、足を下ろします。
③この一連の動作を4～8回繰り返します。

効果 ●腹筋や腸腰筋を鍛えます。

繰り返しましょう
目安は4～8回の反復

※次頁に、この「応用体操」を掲載しています→

※前頁の「応用体操」です↓

この体操にも挑戦してみましょう！

その場スキーヤー
～両膝左右倒し～

行ない方
① 両手を後ろにつき、両膝を揃えて立てます。
② 両足を軽く持ち上げ、膝を左に少し倒した後、もとに戻します。
③ 次に、右に倒した後、もとに戻し、足を下ろします。
④ この一連の動作を4～8回繰り返します。
⑤ 慣れてきたら、膝の倒し戻しを2回繰り返した後、足を下ろすようにします。

効果 ●腹筋を鍛えます。

繰り返しましょう

目安は4～8回の反復

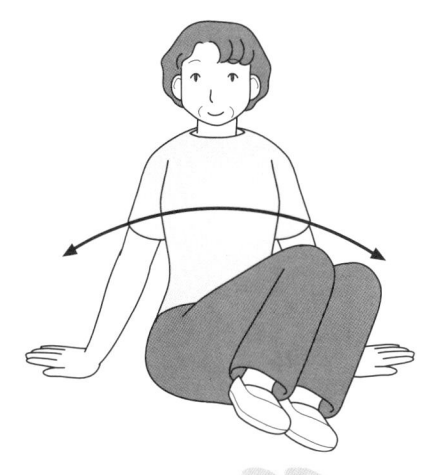

その場でお尻行進
～骨盤の左右上げ～

行ない方
① 自然に座り、膝を立てます。
② 片側のお尻を上げ、2～3秒維持した後、下ろします。
③ 次に、反対側について同様の動作を行ないます。
④ この一連の動作を4～8回繰り返します。

効果 ●骨盤の筋肉を鍛えます。

繰り返しましょう

目安は4～8回の反復

第2章・尿失禁予防・改善トレーニング

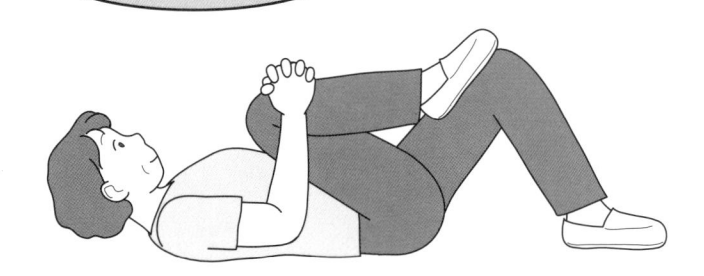

筋力向上トレーニング②

■体をしっかり鍛えて尿失禁予防！

膝抱え体操
～仰向けひざ胸寄せ～

■「膝を抱えてみましょう。おなかや骨盤のあたりが圧迫されるのを感じますか？…」

行ない方
① 仰向けになり、両膝を立てます。
② 右膝を両手で抱えます。そのまま胸に寄せ、その姿勢を2～3秒くらいを維持します。
③ その後、緩める動作を2～4回繰り返した後、足をもとに戻します。
④ 反対の足も同様に行ないます。

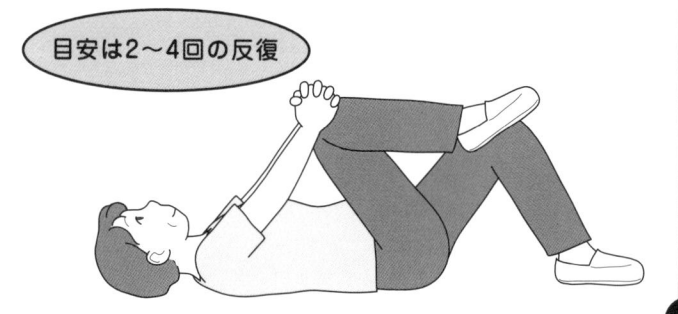

効果 ●腹筋・骨盤底筋群を鍛えます。

繰り返しましょう
目安は2～4回の反復

●「尿失禁予防トレーニング」としてここに注意！

当社刊「転倒予防体操のアクティビティ」（同・介護予防シリーズ）のP56「腸腰筋伸縮膝抱え」と同様の動きですが、ここでは尿失禁予防トレーニングとして『特に骨盤とその周辺の筋肉』を意識して行なうようにしましょう。

慣れてきたら行なう体操

頭も一緒に膝抱え体操
～仰向け膝胸寄せ・頭上げ～

行ない方
① 仰向けになり、膝を立てます。
② 右膝を両手で抱えます。そのまま胸に寄せますが、その際、頭も持ち上げ、その姿勢を2～3秒くらい保持します。
③ その後、緩める動作を2～4回繰り返した後、足と頭をもとに戻します。
④ 反対の足も同様に行ないます。

効果 ●腹筋と骨盤底筋群を鍛えます。

繰り返しましょう
目安は2～4回の反復

筋力向上トレーニング②

■体をしっかり鍛えて尿失禁予防！

股開き足浮かせ
~仰向け足上げ下げ~

■「寝て足を浮かせると、おなかに力が入ります。この体操は、毎日の就寝・起床前に行なっても効果がありますよ…」

行ない方
①仰向けになり、足の裏を合わせます。
②両足を軽く上げ、2～3秒くらい保持した後、戻す動作を4～8回繰り返します。
③慣れてきたら、足の上げ下げを2～3回繰り返した後、足を下ろすようにします。

効果 ●腹筋を鍛えます。

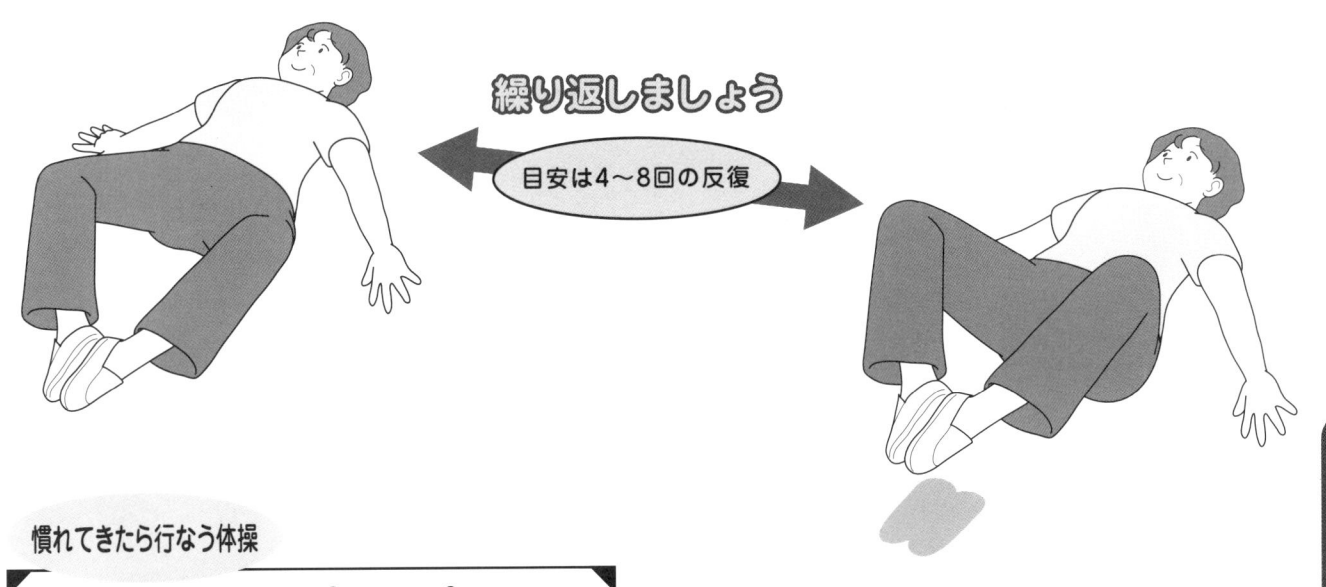

繰り返しましょう
目安は4～8回の反復

慣れてきたら行なう体操

股開きパタパタ
~仰向け足上げ・膝開閉~

行ない方
①仰向けになり、足の裏を合わせ、両足を軽く上げます。
②膝をゆっくりと閉じた後、開く動作を3回くらい行なった後、足を下ろします。
③この一連の動作を4～8回繰り返します。

効果 ●腹筋・腸腰筋を鍛えます。

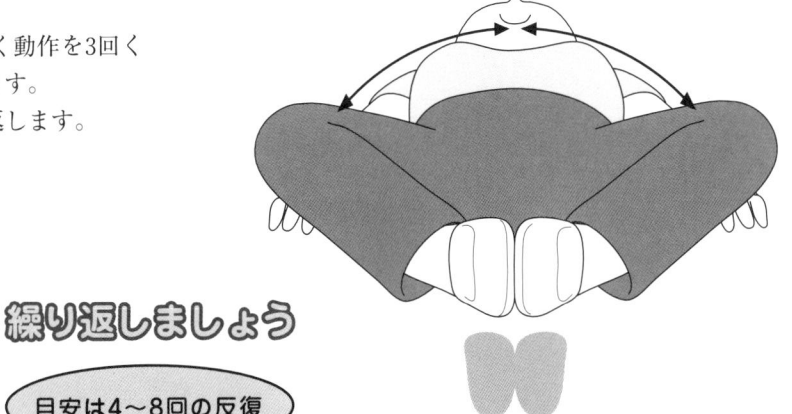

繰り返しましょう
目安は4～8回の反復

第2章・尿失禁予防・改善トレーニング

筋力向上トレーニング②

■体をしっかり鍛えて尿失禁予防！

おへそブリッジ
～仰向け腰上げ下げ～

■「背中を押し出してブリッジをしてみてください。おへそを高く、ジッとして安定した橋をつくってみましょう…」

行ない方
① 仰向けになり、膝を深く立て、腰をゆっくりと持ち上げます。
② そのまま2～3秒くらい保持した後、ゆっくりと下げます。
③ この一連の動作を4～8回繰り返します。

効果 ●腰部を鍛えます。

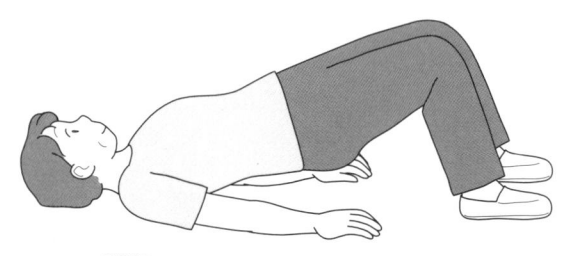

繰り返しましょう
目安は4～8回の反復

アドバイス！
最初のうちは軽く持ち上げ、慣れてきたらしっかり持ち上げる動作を繰り返します。

●「尿失禁予防トレーニング」としてここに注意！

当社刊「転倒予防体操のアクティビティ」（同・介護予防シリーズ）のP70「脊柱起立筋おへそブリッジ」と同様の動きですが、ここでは尿失禁予防トレーニングとして『特に骨盤とその周辺の筋肉』を意識して行なうようにしましょう。

慣れてきたら行なう体操

股開きおへそブリッジ
～仰向け膝開き腰上げ下げ～

行ない方
① 仰向けになり、足の裏を合わせます。
② 腰をゆっくりと持ち上げ、その姿勢を2～3秒くらい保持した後、ゆっくりと下ろします。
③ この一連の動作を4～8回繰り返します。

効果 ●腰部・腸腰筋・大臀筋を鍛えます。

繰り返しましょう
目安は4～8回の反復

アドバイス！
持ち上げる際、足のつけ根が刺激されるように意識してみてください。

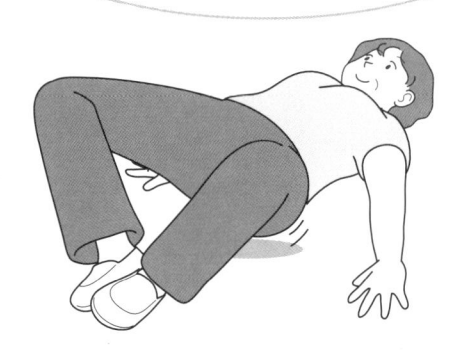

※次頁に、この「応用体操」を掲載しています→

※前頁の「応用体操」です↓

この体操にも挑戦してみましょう！

横向き膝抱え体操
～横向け両膝胸寄せ～

行ない方
①横向けになり、両足を揃えて膝を曲げます。
②両膝をゆっくり胸に寄せ、2～3秒くらい保持します。
③この一連の動作を4～8回繰り返します。

効果
●腹筋・骨盤底筋群を鍛えます。

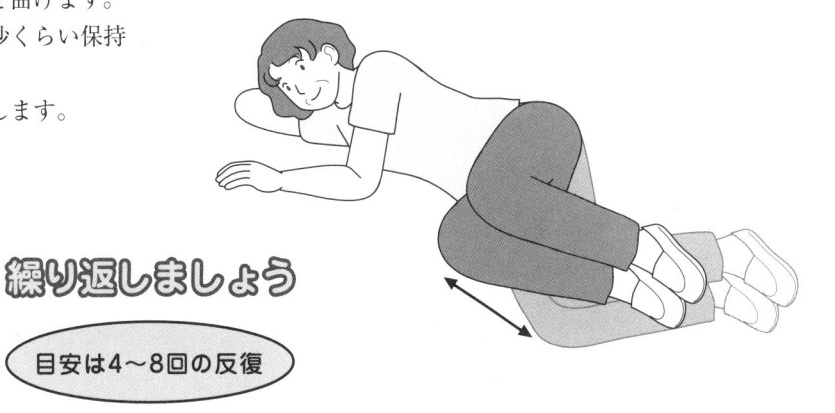

繰り返しましょう
目安は4～8回の反復

おへそ覗き腹筋
～上体起こし～

行ない方
①仰向けになり、膝を立てます。両手は足のつけ根のところに置きます。
②おへそをのぞくような感じで、ゆっくりと上体を起こします（上体を起こすのに合わせて、手は足のつけ根から膝へ移動します）。その姿勢のまま2～3秒くらい保持した後、ゆっくりともとに戻します。
③この一連の動作を4～8回繰り返します。

効果
●腹筋を鍛えます。

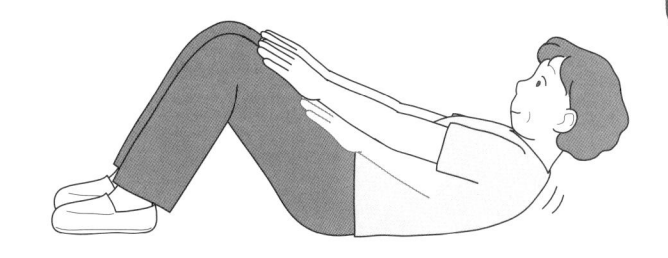

繰り返しましょう
目安は4～8回の反復

●「尿失禁予防トレーニング」としてここに注意！
当社刊「転倒予防体操のアクティビティ」（同・介護予防シリーズ）のP57「おへそ覗き腹筋」と同様の動きですが、ここでは尿失禁予防トレーニングとして『特に腹部とその周辺の筋肉』を意識して行なうようにしましょう。

第2章・尿失禁予防・改善トレーニング

ボールを使った運動

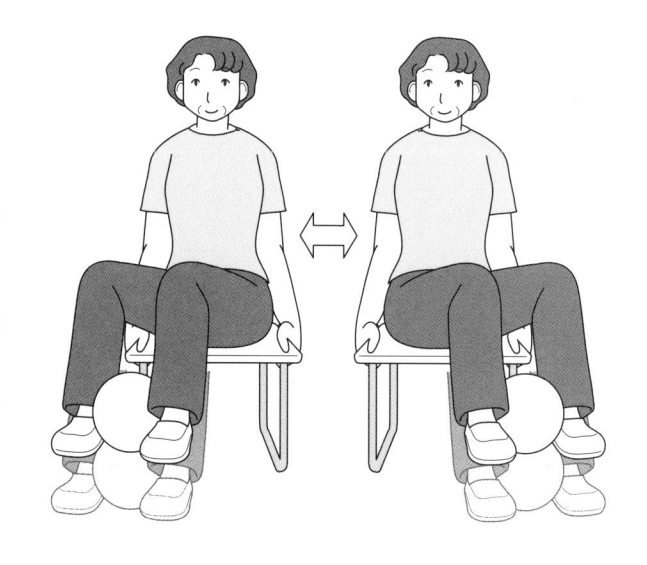

■体をしっかり鍛えて尿失禁予防！

ボール"ブラーン"体操
～足の前後移動～

■「まるで"ゆりかご"のように、両足でボールを前後へ持っていきましょう…」

行ない方
① 膝を90度に曲げ、両足首でボールを軽く挟みます。
② 反動をつけずに両足でボールを軽く持ち上げ、膝を前方に伸ばし、下ろします。
③ もとに戻します。
④ 同様に、後ろに膝を曲げて下ろし、もとに戻します。
⑤ この一連の動作を4～8回繰り返します。

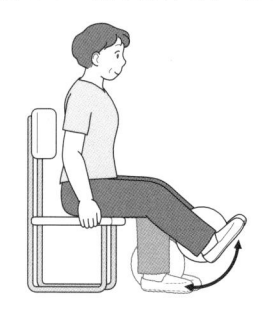

効果 ●腹筋・腸腰筋を鍛えます。

繰り返しましょう
目安は4～8回の反復

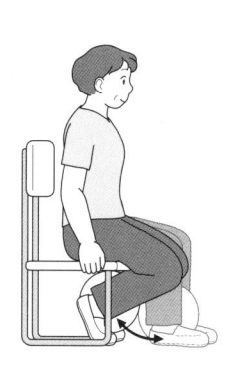

慣れてきたら行なう体操

ボールが左右へ"ブラーン"体操
～足の左右移動～

行ない方
① 膝を90度に曲げ、両足首でボールを軽く挟みます。
② 反動をつけずに両足でボールを持ち上げ、左側に移動し、下ろします。
③ もとに戻します。
④ 同様に、右側に移動して下ろした後、もとに戻します。
⑤ この一連の動作を4～8回繰り返します。

効果 ●腹筋を鍛えます。

繰り返しましょう
目安は4～8回の反復

ボールを使った運動

■体をしっかり鍛えて尿失禁予防！

まっすぐボールキャッチャー
〜ももの前面〜

■「『UFOキャッチャー』というゲーム機があります。今回は、みなさんの両足をその腕（アーム）のように使って…」

行ない方
① 両足首でボールを軽く挟みます。
② 足を軽く上げ、ゆっくりと膝を伸ばし、2〜3秒くらい保持します。その後、膝を曲げ、足を下ろす動作を4〜8回繰り返します。

効　果　●腹筋・大腿四頭筋を鍛えます。

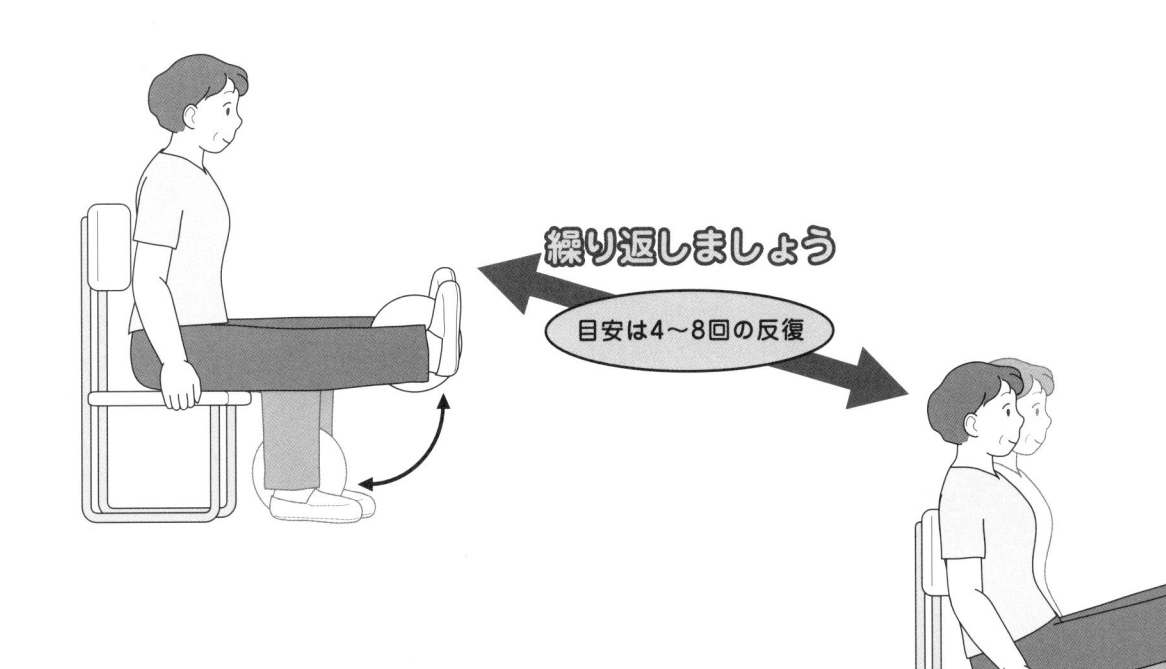

繰り返しましょう

目安は4〜8回の反復

第2章・尿失禁予防・改善トレーニング

● 「尿失禁予防トレーニング」としてここに注意!

当社刊「転倒予防体操のアクティビティ」（同・介護予防シリーズ）のP80「ボールキャッチャー」と同様の動きですが、ここでは尿失禁予防トレーニングとして『特に腹部とその周辺の筋肉』を意識して行なうようにしましょう。

ボールを使った運動
■体をしっかり鍛えて尿失禁予防！

ボールキャッチャー
~下腹部・付け根~

■「『まっすぐボールキャッチャー』で慣れたら、次はもっと膝を高く上げてみましょう…」

行ない方
① 両足首でボールを挟み、ゆっくりと両足で持ち上げます。そのまま膝を胸に寄せ、緩める動作を3回繰り返します。
② この一連の動作を3~5回繰り返します。

効　果　●腹筋・腸腰筋を鍛えます。

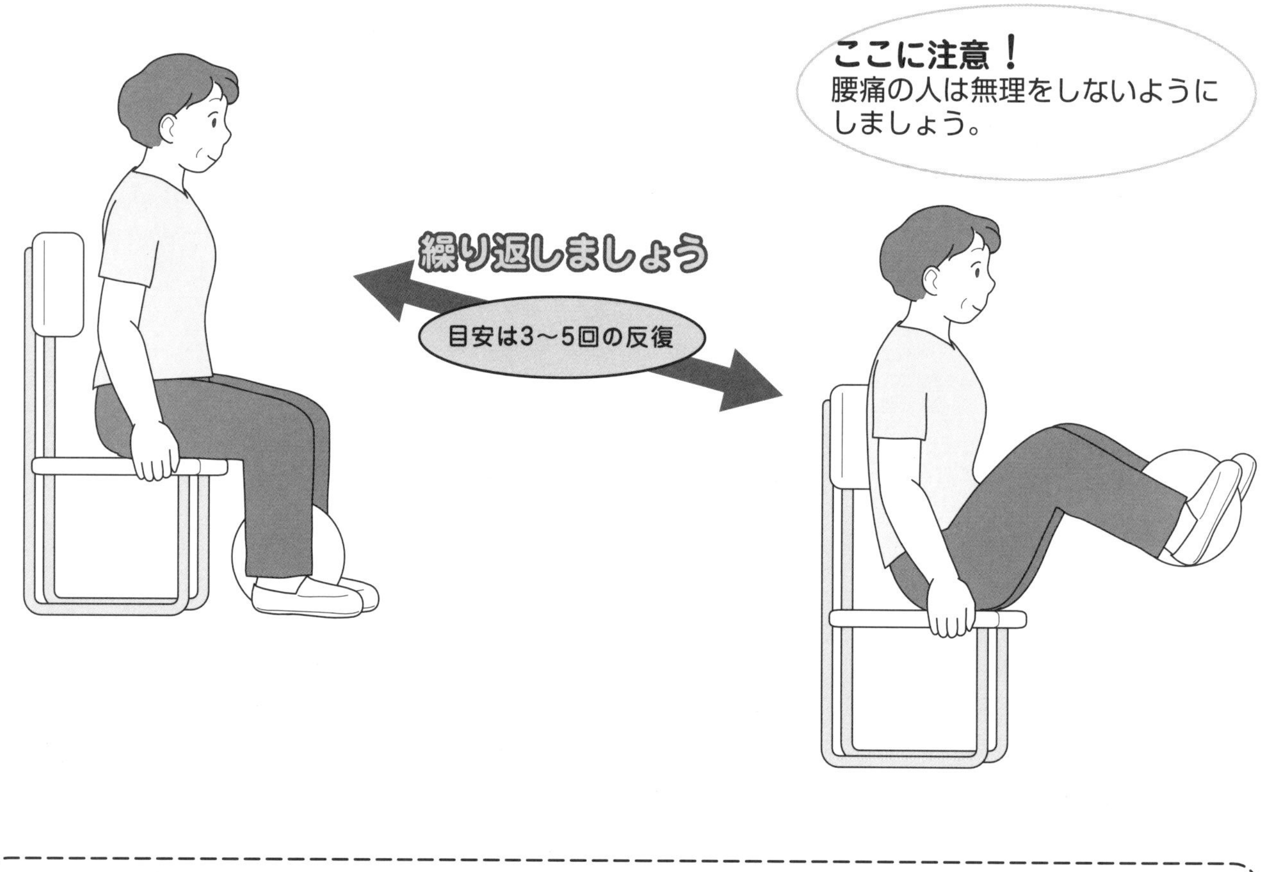

ここに注意！
腰痛の人は無理をしないようにしましょう。

繰り返しましょう
目安は3~5回の反復

みんなで楽しもう！
ボール挟み競争

左図のように、子ども用の簡易ビニールプールにたくさんのボールを入れておき、椅子に掛けた参加者がまわりに位置します。
「よーい、どん」の合図で、ボールを挟んではプールの外へ出します。それを得点とし、合計得点を競っていきます。
まずは「ボールキャッチャー」の応用アクティビティとして取り組み、慣れてきたら本ページP77「まっすぐボールキャッチャー」をアレンジして（足をまっすぐにして）組み込むなど工夫するとよいでしょう。

ボールを使った運動

■体をしっかり鍛えて尿失禁予防！

膝ぴた、ぎゅ～っ（ボール）
～ももの内側～

■「ボールを両膝で "ギュ～ッ" と何度も揉んでみましょう。だんだんとももあたりが張ってくるのを感じますか？…」

行ない方
①椅子に浅く腰掛け、ボールを両膝で挟みます。
②膝を内側にゆっくりと力強く締め、2～3秒保持した後、緩める動作を4～8回繰り返します。

効　果
●中殿筋・内転筋を鍛えます。

椅子に腰掛けて…

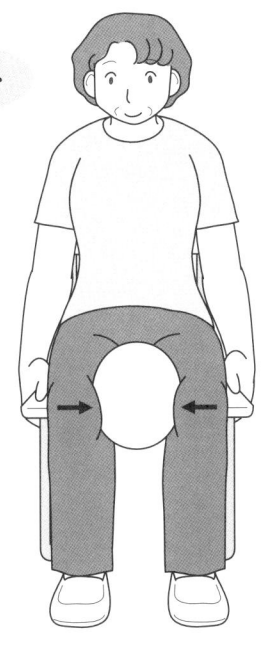

床に座って…

●「尿失禁予防トレーニング」としてここに注意！

当社刊「転倒予防体操のアクティビティ」（同・介護予防シリーズ）のP79「膝ぴた、ぎゅ～っ（ボール）」と同様の動きですが、ここでは尿失禁予防トレーニングとして『特に内転筋群とその周辺の筋肉』を意識して行なうようにしましょう。

※次頁に、この「応用体操」を掲載しています→

第2章・尿失禁予防・改善トレーニング

※前頁の「応用体操」です↓

この体操にも挑戦してみましょう！

ボールキャッチャー（座って）
〜両足上げ〜

行ない方
① 両足首にボールを挟み、ゆっくりと持ち上げます。
② その姿勢のままで2〜3秒保持した後、下げる動作を4〜8回繰り返します。

効　果　●腹筋・腸腰筋を鍛えます。

繰り返しましょう
目安は4〜8回の反復

ここに注意！
足が上がらない場合は、無理をしないでください。

何度もボールキャッチャー（座って）
〜足上げ・胸寄せ〜

行ない方
① 両手を軽く後ろにつけ、上体を支えます。
② 両足首にボールを挟み、ゆっくりと持ち上げます。膝を胸に寄せ、戻す動作を3回繰り返した後、足をゆっくりと下ろします。
③ この一連の動作を3〜4回繰り返します。

効　果　●腹筋・腸腰筋を鍛えます。

ここに注意！
足が上がらない場合は、無理をしないでください。

繰り返しましょう
目安は3〜4回の反復

ボールを使った運動
■体をしっかり鍛えて尿失禁予防！

寝転んで膝ぴた、ぎゅ～っ（ボール）
～ももの内側・お尻など～

■「寝転んだ状態で、ボールをしっかりと両膝で挟み、腰ごと高く上にあげてみましょう…」

行ない方
①仰向けになり、膝を立て、ボールを挟みます。
②腰をゆっくりと持ち上げ、2～3秒くらい保持した後、ゆっくりと下げます。
③この一連の動作を4～8回繰り返します。

効果
●内転筋・腰部を鍛えます。

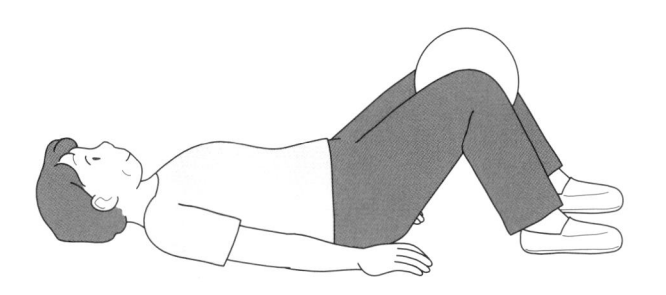

アドバイス！
最初のうちは軽く持ち上げ、慣れてきたらしっかりと持ち上げるようにしましょう。

繰り返しましょう
目安は4～8回の反復

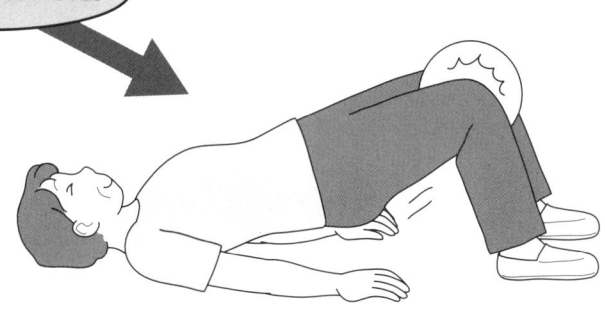

みんなで楽しもう！
ボールの顔でにらめっこ

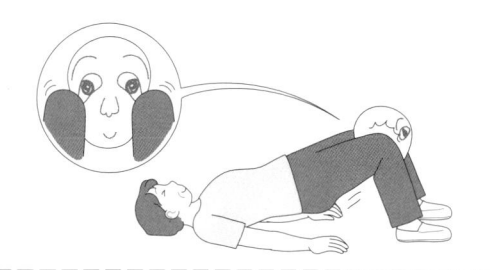

ボールに顔を描き、それを膝で挟みながら腰を上げるアクティビティです。ボールにはマジック等で直接顔を描く、または目・鼻・口に見立ててシールを貼るなど工夫を考えてみてください。ボールが膝に挟まれて表情のゆがむ様子を、ペアの人に確認してもらうようにしましょう。

第2章・尿失禁予防・改善トレーニング

【付録】

尿失禁予防活動に役立つ付録集

- ■ 尿失禁予防・改善トレーニング 実践記録カード（P83〜85）
- ■ 尿失禁予防教室 事前・事後アンケート（P86〜92）
- ■ 尿失禁予防プログラム 身体・体力測定票（P93）
- ■ 骨盤底筋体操記録カード（P94）
- ■ 事前事後評価結果用紙（P95）

付録1
■尿失禁予防活動に役立つ付録集

尿失禁予防・改善トレーニング 実践記録カード

　次頁P84・85では、第2章「尿失禁予防・改善トレーニング」で掲載した体操を、各回にどのように組み合わせたらよいか、体操プログラム構成例（「尿失禁予防トレーニング・実践記録カード」の記入例としても参照してください）を示します。基本的に運動指導では、次回までに自宅で実施できるよう確認しながら、体操を進めていきます。また、対応するページの体操と入れ替えることも可能です。

　先に、下に「体操プログラムの進め方（例）」を示しますので、参考にしてください。

●第1回目
　簡単な体操を"体験"することで、今まで運動を敬遠しがちだった人にも「これならできそうだ」という自信を高めてもらいます。
【運動内容】椅子での準備体操、骨盤底筋体操の体験

●第2回目（P94「骨盤底筋体操記録カード」）
　第1回目で紹介した内容を中心に行ないます。骨盤底筋体操の説明をしっかりと行ない、自宅でも実施することの必要性を伝えてください。
【運動内容】椅子での準備体操、骨盤底筋体操

●第3回目（P84「尿失禁予防・改善トレーニング 実践記録カード①」）
　椅子での筋力向上トレーニングを加えます。自宅で継続して行なうことを考慮して、紹介する体操種目を少なめに（3〜5種程度）しましょう。また、参加者に合わせた声かけをし、体操個々の注意点を伝えながら行ないます。運動時間が長くなるため、適宜、途中休憩を入れましょう。また、この回から「尿失禁予防トレーニング・実践記録カード」（記入参考例はP84・85）を配布します。
【運動内容】椅子での準備体操、骨盤底筋体操（「骨盤底筋」を短め・長めに締める）、筋力向上トレーニング

●第4回目（P84「尿失禁予防・改善トレーニング 実践記録カード②」）
　床など、椅子以外での体操も、様子をみて加えます。運動時間が長くなるため、適宜、途中休憩を入れましょう。
【運動内容】椅子での準備体操、骨盤底筋体操（「骨盤底筋」を短め・長めに締める）、筋力向上トレーニング

●第5回目（P85「尿失禁予防・改善トレーニング 実践記録カード③」）
　立位で準備体操や筋力向上トレーニングを行ないます。立位が辛いなどの場合は立位以外の姿勢で「代替種目」として変更できることを、これらの体操紹介の中に含めます。運動時間が長くなるため、適宜、途中休憩を入れましょう。
【運動内容】椅子や立っての準備体操、骨盤底筋体操、立位中心の筋力向上トレーニング（筋力向上トレーニングの中においても「骨盤底筋」を意識する）

●第6回目（P85「尿失禁予防・改善トレーニング 実践記録カード④」）
　日常的な動作（立ち上がりや階段動作など）でも骨盤底筋を締められるように意識するよう説明します。運動時間が長くなるため、適宜、途中休憩を入れましょう。
【運動内容】椅子や立っての準備体操、骨盤底筋体操（日常動作の中で「骨盤底筋」を締められるよう意識する）、立位中心の筋力向上トレーニング

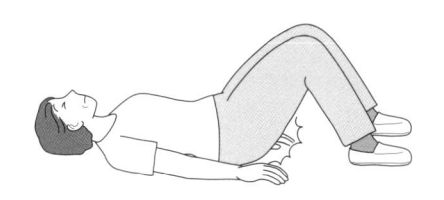

尿失禁予防・改善トレーニング 実践記録カード①

●日頃の運動習慣を身につけましょう。
●各動作はゆっくり、息を止めずに行ないましょう。

実施者／【氏名】　　　　【年齢】　　歳

左:番号 右:月日	準備体操 本書P.48〜51					骨盤底 筋体操 本書 P.55〜57	筋力向上トレーニング 本書P.61〜81					骨盤底 筋体操 本書 P.55〜57	特記 事項
	本書 P.48① 参照	P.48 ②	P.49 ④	P.49 ⑤	P.49 ⑦	P.55	P.65 上	P.62 上	P.61 上	P.63 上	P.64	P.55	
1 /													
2 /													
3 /													
4 /													

記録方法：実施したら○、しなかったら×を該当欄内に記入。／特記事項：転倒や骨折、腰痛や膝の痛みなど、「突然の出来事」があれば記入して下さい。

※運動を日常的に定着させるため、下のチェック項目それぞれに○や✓をつけるなどし、運動状況を自分で把握しましょう。

	いつ	どこで	誰と	どれくらい	今週の目標達成度			いつ	どこで	誰と	どれくらい	今週の目標達成度
1 /	朝 昼 夜	家 他( )	一人 仲間 他( )	週1回 週2・3回 毎日	□大変よくできた □よくできた □あまりできなかった □ほとんどできなかった		3 /	朝 昼 夜	家 他( )	一人 仲間 他( )	週1回 週2・3回 毎日	□大変よくできた □よくできた □あまりできなかった □ほとんどできなかった
2 /	朝 昼 夜	家 他( )	一人 仲間 他( )	週1回 週2・3回 毎日	□大変よくできた □よくできた □あまりできなかった □ほとんどできなかった		4 /	朝 昼 夜	家 他( )	一人 仲間 他( )	週1回 週2・3回 毎日	□大変よくできた □よくできた □あまりできなかった □ほとんどできなかった

尿失禁予防・改善トレーニング 実践記録カード②

●日頃の運動習慣を身につけましょう。
●各動作はゆっくり、息を止めずに行ないましょう。

実施者／【氏名】　　　　【年齢】　　歳

左:番号 右:月日	準備体操 本書P.48〜51				骨盤底 筋体操 本書 P.55〜57	筋力向上トレーニング 本書P.61〜81			骨盤底 筋体操 本書 P.55〜57	筋力向上トレーニング 本書P.61〜81			骨盤底 筋体操 本書 P.55〜57	特記 事項
	本書 P.48① 参照	P.49 ④	P.49 ⑤	P.49 ⑦	P.55	P.61 下	P.63 上	P.64	P.55	P.70 上	P.71 上	P.71 下	P.56	
1 /														
2 /														
3 /														
4 /														

記録方法：実施したら○、しなかったら×を該当欄内に記入。／特記事項：転倒や骨折、腰痛や膝の痛みなど、「突然の出来事」があれば記入して下さい。

※運動を日常的に定着させるため、下のチェック項目それぞれに○や✓をつけるなどし、運動状況を自分で把握しましょう。

	いつ	どこで	誰と	どれくらい	今週の目標達成度			いつ	どこで	誰と	どれくらい	今週の目標達成度
1 /	朝 昼 夜	家 他( )	一人 仲間 他( )	週1回 週2・3回 毎日	□大変よくできた □よくできた □あまりできなかった □ほとんどできなかった		3 /	朝 昼 夜	家 他( )	一人 仲間 他( )	週1回 週2・3回 毎日	□大変よくできた □よくできた □あまりできなかった □ほとんどできなかった
2 /	朝 昼 夜	家 他( )	一人 仲間 他( )	週1回 週2・3回 毎日	□大変よくできた □よくできた □あまりできなかった □ほとんどできなかった		4 /	朝 昼 夜	家 他( )	一人 仲間 他( )	週1回 週2・3回 毎日	□大変よくできた □よくできた □あまりできなかった □ほとんどできなかった

尿失禁予防・改善トレーニング 実践記録カード③

● 日頃の運動習慣を身につけましょう。
● 各動作はゆっくり、息を止めずに行ないましょう。

実施者／【氏名】　　　　【年齢】　　歳

左:番号 右:月日	準備体操 本書P.48～51				骨盤底 筋体操 本書 P.55～57	筋力向上トレーニング 本書P.61～81			骨盤底 筋体操 本書 P.55～57	筋力向上トレーニング 本書P.61～81			骨盤底 筋体操 本書 P.55～57	特記 事項
	本書 P.50 ⑨ 参照	P.50 ⑩	P.51 ⑭	P.51 ⑮	P.57	P.66 上	P.68 上	P.67	P.57	P.66 下	P.69	P.68 下	P.56	
1 /														
2 /														
3 /														
4 /														

記録方法：実施したら○、しなかったら×を該当欄内に記入。／特記事項：転倒や骨折、腰痛や膝の痛みなど、「突然の出来事」があれば記入して下さい。

※運動を日常的に定着させるため、下のチェック項目それぞれに○や∨をつけるなどし、運動状況を自分で把握しましょう。

	いつ	どこで	誰と	どれくらい	今週の目標達成度		いつ	どこで	誰と	どれくらい	今週の目標達成度
1 /	朝 昼 夜	家 他( )	一人 仲間 他( )	週1回 週2・3回 毎日	□大変よくできた □よくできた □あまりできなかった □ほとんどできなかった	3 /	朝 昼 夜	家 他( )	一人 仲間 他( )	週1回 週2・3回 毎日	□大変よくできた □よくできた □あまりできなかった □ほとんどできなかった
2 /	朝 昼 夜	家 他( )	一人 仲間 他( )	週1回 週2・3回 毎日	□大変よくできた □よくできた □あまりできなかった □ほとんどできなかった	4 /	朝 昼 夜	家 他( )	一人 仲間 他( )	週1回 週2・3回 毎日	□大変よくできた □よくできた □あまりできなかった □ほとんどできなかった

尿失禁予防・改善トレーニング 実践記録カード④

● 日頃の運動習慣を身につけましょう。
● 各動作はゆっくり、息を止めずに行ないましょう。

実施者／【氏名】　　　　【年齢】　　歳

左:番号 右:月日	準備体操 本書P.48～51				骨盤底 筋体操 本書 P.55～57	筋力向上トレーニング 本書P.61～81			骨盤底 筋体操 本書 P.55～57	筋力向上トレーニング 本書P.61～81			骨盤底 筋体操 本書 P.55～57	特記 事項
	本書 P.50 ⑪ 参照	P.50 ⑬	P.51 ⑯	P.51 ⑰	P.57	P.72 下	P.75 下	P.74 下	P.56	P.79	P.80	P.81	P.56	
1 /														
2 /														
3 /														
4 /														

記録方法：実施したら○、しなかったら×を該当欄内に記入。／特記事項：転倒や骨折、腰痛や膝の痛みなど、「突然の出来事」があれば記入して下さい。

※運動を日常的に定着させるため、下のチェック項目それぞれに○や∨をつけるなどし、運動状況を自分で把握しましょう。

	いつ	どこで	誰と	どれくらい	今週の目標達成度		いつ	どこで	誰と	どれくらい	今週の目標達成度
1 /	朝 昼 夜	家 他( )	一人 仲間 他( )	週1回 週2・3回 毎日	□大変よくできた □よくできた □あまりできなかった □ほとんどできなかった	3 /	朝 昼 夜	家 他( )	一人 仲間 他( )	週1回 週2・3回 毎日	□大変よくできた □よくできた □あまりできなかった □ほとんどできなかった
2 /	朝 昼 夜	家 他( )	一人 仲間 他( )	週1回 週2・3回 毎日	□大変よくできた □よくできた □あまりできなかった □ほとんどできなかった	4 /	朝 昼 夜	家 他( )	一人 仲間 他( )	週1回 週2・3回 毎日	□大変よくできた □よくできた □あまりできなかった □ほとんどできなかった

付録・尿失禁予防活動に役立つ付録集

付録2
■尿失禁予防活動に役立つ付録集

尿失禁予防教室 事前・事後アンケート

■事前・事後アンケート①

尿失禁予防教室　　事前・事後アンケート

氏名〔　　　　　　　　　　　〕　年齢〔　　　　〕歳

問1．ふだん、自分で健康だと思われますか。（ひとつだけ○印）
　　1．非常に健康だと思う
　　2．まあ健康な方だと思う
　　3．あまり健康ではない
　　4．健康ではない

問2．ふだん、体のどこかに痛いところがありますか。
　　1．ある　　2．ない

問3．これまでに脊髄や背骨のけがや病気をしたことがありますか。
　　1．ない
　　2．ある（何歳の時　　歳　病名　　　　　　　　　）

問4．子宮、大腸、膀胱の手術や放射線治療を受けたことがありますか。
　　1．ない
　　2．ある（何歳の時　　歳　病名　　　　　　　　　）

問5．これまでに、出産した回数は何回ですか。
　　1．なし　　<u>2．あり</u>　　（1．普通分娩（　　）回
　　　　　　　　　　　　　　　　2．帝王切開（　　）回

問6．この一年間の間に（昨年　　月　　日から　　月末日まで）に転んだことがありますか。
　　1．転んだことがある
　　　　何回転びましたか？　　　（　　回）
　　　　転んだのはいつですか？　（　　　　　　　　　　　）
　　2．転んだことはない

問7．現在、転ぶことが怖いと感じますか。
　　1．とても怖い　　2．少し怖い　　3．怖くない

※約150％の拡大率でA4サイズの調査用紙として使用できます

■事前・事後アンケート②

問8. ふだんの**外出頻度**(仕事、農作業、買い物、通院などで家の外に出る頻度)はどれくらいですか。庭先のみやゴミ出し程度の外出は含みません。(ひとつだけ○印)
　　1. 毎日1回以上
　　2. 2～3日に1回程度
　　3. 1週間に1回程度
　　4. ほとんど外出しない(1週間に1回未満)

問9. 次のそれぞれの項目について、「**はい**」か「**いいえ**」でお答えください。
　　注)1～6、12、14＝やろうと思えばできる「はい」、7～11、13＝普段はしない「いいえ」

1	バスや電車を使って1人で外出できますか	1. はい	2. いいえ
2	日用品の買い物ができますか	1. はい	2. いいえ
3	自分で食事の用意ができますか	1. はい	2. いいえ
	いいえの場合→ヤカンで湯を沸かせますか	1. はい	2. いいえ
4	請求書の支払いができますか	1. はい	2. いいえ
5	銀行預金・郵便貯金の出し入れができますか	1. はい	2. いいえ
6	年金などの書類が書けますか	1. はい	2. いいえ
7	新聞を読んでいますか	1. はい	2. いいえ
8	本や雑誌を読んでいますか	1. はい	2. いいえ
9	健康についての記事や番組に関心がありますか	1. はい	2. いいえ
10	友達の家を訪ねることがありますか	1. はい	2. いいえ
11	家族や友達の相談にのることがありますか	1. はい	2. いいえ
12	病人を見舞うことができますか	1. はい	2. いいえ
13	若い人に自分から話しかけることがありますか	1. はい	2. いいえ
14	ひとりで電話をかけられますか	1. はい	2. いいえ

問10. あなたは、趣味やけいこごとをしますか。(ひとつだけ○印)
　　1. ほとんどしない　　2. ときどきする　　3. よくする

問11. 奉仕活動や町内会の役員(地域の役員)など「地域でのボランティア活動」に、どの程度参加していますか。(ひとつだけ○印)
　　1. いつも　　2. ときどき　　3. たまに　　4. 全く参加していない

※約150％の拡大率でA4サイズの調査用紙として使用できます

■事前・事後アンケート③

問12. 散歩や軽い体操を、定期的にしていますか。(ひとつだけ○印)
　1. していない
　2. している
　　　→ 散歩をするのは、週に何日ぐらいですか。
　　　　　1. 毎日　　　2. 5～6日　　3. 2～4日
　　　　　4. 1日以下　　5. 散歩はしていない
　　　→ 体操をするのは、週に何日ぐらいですか。
　　　　　1. 毎日　　　2. 5～6日　　3. 2～4日
　　　　　4. 1日以下　　5. 体操はしていない

問13. 運動やスポーツを定期的にしていますか。
　1. していない
　2. している
　　　→ どのような運動やスポーツをしていますか。
　　　　（いくつでも○印）
　　　　　1. ゲートボール　2. ジョギング　3. テニス
　　　　　4. ゴルフ　　　　5. ハイキング　6. ダンス
　　　　　7. 水泳　　　　　8. 武道　　　　9. その他
　　　→ 各運動やスポーツを合わせると、週に何日ぐらい
　　　　行なっていますか。
　　　　　1. 毎日　　　2. 5～6日
　　　　　3. 2～4日　　4. 1日以下

問14. 日中、何回ぐらいトイレに行きますか。
　　（　　　）回位

問15. 夜中、何回ぐらいトイレに行きますか。
　　1. 行かない　　　2. 一晩に（　）回位

問16. 便秘はありますか。　　　　　　1. ない　　　2. ある

問17. 尿は勢いよく出ますか。　　　　1. 出ない　　2. 出る

問18. 排尿中に尿を止めることができますか。
　　1. 簡単にできる　2. できるが難しい　3. できない

※約150％の拡大率でA4サイズの調査用紙として使用できます

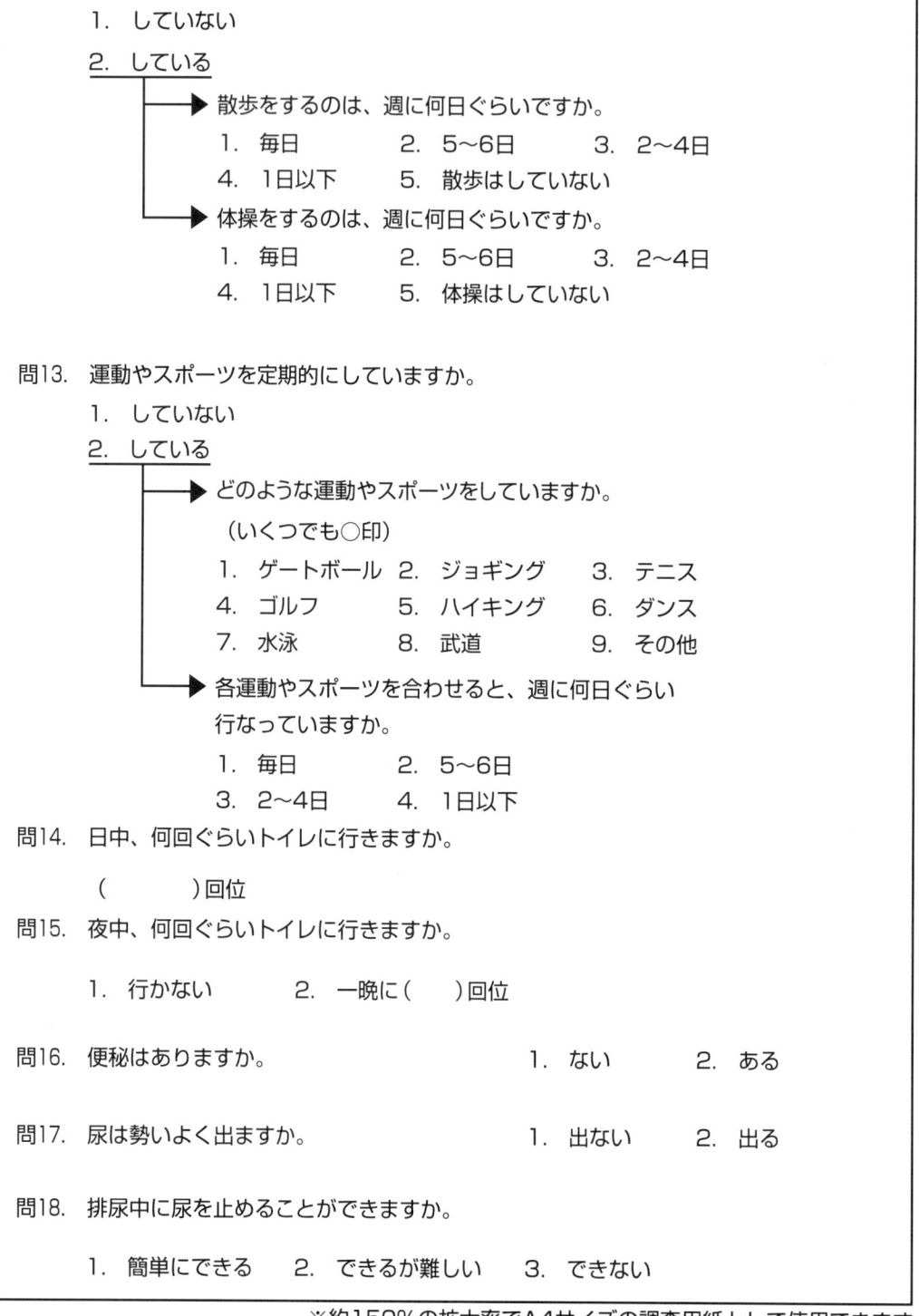

■事前・事後アンケート④

問19. 日常生活の中で、尿がもれることがありますか。

  1. ない
  2. ある

   尿がもれる回数はどれくらいですか。
    1. ほとんど毎日　　2. 2日に1回　　3. 1週間に1、2回
    4. 1ヶ月間に1～3回　5. 1年間に数回

問20. 次のような行動をした時に、尿がもれることがありますか。

①くしゃみをした時
  1. はい
  2. いいえ

②咳をした時
  1. はい
  2. いいえ

③笑った時
  1. はい
  2. いいえ

④重い物を持ち上げた時
  1. はい
  2. いいえ

⑤立ち上がった時（突然立ち上がった時も含める）
  1. はい
  2. いいえ

⑥跳んだ時
  1. はい
  2. いいえ

⑦走った時
  1. はい
  2. いいえ

※約150％の拡大率でA4サイズの調査用紙として使用できます

■事前・事後アンケート⑤

⑧階段の昇り降りの時
　　　1．はい
　　　2．いいえ

⑨長時間立っている時
　　　1．はい
　　　2．いいえ

⑩水仕事、水に触った時、冷たい水を飲んだ時
　　　1．はい
　　　2．いいえ

⑪寝ている時
　　　1．はい
　　　2．いいえ

⑫我慢した時
　　　1．はい
　　　2．いいえ

⑬トイレに行くのに、間に合わない時
　　　1．はい
　　　2．いいえ

⑭その他
　　　（　　　　　　　　　　　　　　　　　　　　　　　　）

問21．何歳の頃から尿もれがありますか。　　だいたい（　　　）歳の頃から

問22．トイレに行きたいと思ったとたんに尿がもれることはありますか。
　　　1．ない　　　2．ある

問23．気がつかない間に尿がもれていることがありますか。
　　　1．ない　　　2．ある

問24．1回にもれる尿の量はどのくらいですか。
　　　1．下着がぬれる程度
　　　2．下着の交換が必要な程度（小さじ1杯程度）
　　　3．スカートやズボンにまでしみる程度（大さじ1杯程度）
　　　4．足をつたわって流れる程度（大さじ2杯程度）

※約150％の拡大率でA4サイズの調査用紙として使用できます

■事前・事後アンケート⑥

問25. 現在、尿もれにどのような対処をしていますか。（いくつでも○印）
　　1. 何もしていない　　→**問28へ進む**
　　2. 下着を替える
　　3. 布製失禁パンツを使用
　　4. ティッシュ・トイレットペーパーを折ってあてる
　　5. おりものシート（薄いナプキン）を使用
　　6. 生理用品（ナプキン）を使用
　　7. 失禁パッド（尿もれシート）を使用
　　8. パンツタイプの紙おむつを使用
　　9. テープ止め紙おむつを使用
　　10. 布おむつを使用
　　11. 寝具・椅子などで、腰や尻の下に敷く防水シーツ・シートを使用
　　12. しびん・採尿器・尿バッグなどを使用
　　13. その他（　　　　　　　　　　　　　　　　　　）

問26. 尿もれの対処品（尿もれシート等）を使用している場合、いつ使用していますか。
　　1. 1日中　　　2. 昼間だけ　　　3. 夜間だけ
　　4. 外出、旅行時　　5. その他（　　　　　　　）　　6. 特に使用していない

問27. 尿もれシート、ナプキンなど一日に何回交換しますか。
　　1. 1回　　　2. 2～3回　　　3. 4～5回　　　4. 6回以上

問28. 尿がもれることが心配で、トイレのことを気にしていますか。
　　1. いつも　　　2. ときどき・たまに（外出の時など）　　　3. いいえ

問29. 普段尿がもれることが心配で、トイレに早めに行くようにしていますか。
　　1. いつも　　　2. ときどき・たまに（外出の時など）　　　3. いいえ

問30. 普段尿がもれることが心配で、飲み物の量を減らすようにしていますか。
　　1. いつも　　　2. ときどき・たまに（外出の時など）　　　3. いいえ

問31. 尿もれが心配で外出するのを控えることがありますか。
　　1. まったくない　　　2. 少しある　　　3. しばしばある　　　4. かなりある

問32. 尿もれがどの程度仕事や家事に影響しますか。
　　1. まったくない　　　2. 少しある　　　3. しばしばある　　　4. かなりある

※約150％の拡大率でA4サイズの調査用紙として使用できます

■事前・事後アンケート⑦

問33. 尿もれのために運動を控えることがありますか。
　　　1. まったくない　　2. 少しある　　3. しばしばある　　4. かなりある

問34. 尿もれのために友人や知人とのつき合いに支障がありますか。
　　　1. まったくない　　2. 少しある　　3. しばしばある　　4. かなりある

問35. 尿もれのために、病院に行ったことはありますか。
　　　1. ない
　　　2. ある
　　　　→ a. 通院中（　　年　　月から）
　　　　→ b. 通院していた（　　年　　月～　　年　　月まで）

問36. 尿もれのための薬（一般購入できるものも含む）を飲んでいますか。
　　　1. 飲んでいない
　　　2. 飲んでいる（　　年　　月から　薬名　　　　　　　）

問37. どんな時に最も尿もれが起こりますか。（自由記入）

問38. 尿もれで一番困ることは何ですか。（自由記入）

問39. どうして失禁予防改善教室に参加しようと思われましたか。（事前のみ）

※事前・事後で該当する方のみを記入

問40. 教室に参加してみていかがでしたか。（事後のみ）

ご協力ありがとうございました

※約150％の拡大率でA4サイズの調査用紙として使用できます

付録3
■尿失禁予防活動に役立つ付録集

尿失禁予防プログラム 身体・体力測定票

※下の表のうち、「歩行速度」「握力」「開眼片足立ち」「Timed up&go」については、P13のほか、当シリーズ①「介護予防コーディネーションの考え方」などを参照して行なってください。また、血圧・脈拍などについては、看護師が行なうようにしましょう。

実施日 ___月___日	氏名 _____
	年齢 _____歳

収縮期 血圧 _____mmHg　　拡張期 血圧 _____mmHg

脈拍 _____拍／分

身長 ___._____m　　体重 _____.___kg　　BMI ____

体脂肪率　ペースメーカー有（中止）・無（実施）_____.___％

ウエスト _____.___cm

ヒップ _____.___cm　　ウエスト・ヒップ比 _____

5m歩行時間（通常）　_____.___秒
5m歩行時間（最大）　①_____.___秒　　②_____.___秒

握力　①_____kg　　②_____kg　　（右、左）

開眼片足立ち　①_____秒　　②_____秒　　（右、左）

Timed up&go　①_____.___秒　　②_____.___秒

コメント

※約150％の拡大率でA4サイズの調査用紙として使用できます

付録4
■尿失禁予防活動に役立つ付録集

骨盤底筋体操記録カード

骨盤底筋体操記録カード

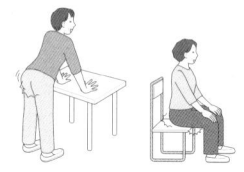

実施者／【氏名】　　　　　【年齢】　　歳

- 日頃の運動習慣を身につけましょう。
- 骨盤底筋体操を行なったら、その日の「行なった」に○をつけてください。

実施日（曜日）	「骨盤底筋体操」の実施状況	メモ欄（思ったこと、感じたことなどを自由に書き込みましょう）
／（　）	□ 行なった　□ 行なわなかった	
／（　）	□ 行なった　□ 行なわなかった	
／（　）	□ 行なった　□ 行なわなかった	
／（　）	□ 行なった　□ 行なわなかった	
／（　）	□ 行なった　□ 行なわなかった	
／（　）	□ 行なった　□ 行なわなかった	
／（　）	□ 行なった　□ 行なわなかった	
／（　）	□ 行なった　□ 行なわなかった	
／（　）	□ 行なった　□ 行なわなかった	
／（　）	□ 行なった　□ 行なわなかった	
／（　）	□ 行なった　□ 行なわなかった	
／（　）	□ 行なった　□ 行なわなかった	
／（　）	□ 行なった　□ 行なわなかった	
／（　）	□ 行なった　□ 行なわなかった	

目標達成度
- □ 大変よくできた
- □ よくできた
- □ あまりできなかった
- □ ほとんどできなかった

※この記録カードを活用して、次回の体操教室までに自宅でもすすんで骨盤底筋体操を行ないましょう！

※約150％の拡大率でA4サイズの調査用紙として使用できます

付録5
■尿失禁予防活動に役立つ付録集

事前事後評価結果用紙

事前事後評価結果 【体力評価結果】

対象者氏名　　　　　年齢　歳　男女
ID

運動プログラム開始前と終了後の、体力の変化を示します。

評　価　項　目	開始前 年　月　日	終了後 年　月　日
通常歩行速度（歩行能力）	→	
最大歩行速度（歩行能力）	→	
最大握力（筋力）	→	
開眼片脚立ち時間（静的バランス）	→	
Timed Up&Go（機能的移動）	→	

1. 通常歩行速度　　　　　【歩行能力】
2. 最大歩行速度　　　　　【歩行能力】
3. 最大握力　　　　　　　【筋力】
4. 開眼片脚立ち時間　　　【静的バランス】
5. Timed Up&Go　　　　　【機能的移動】

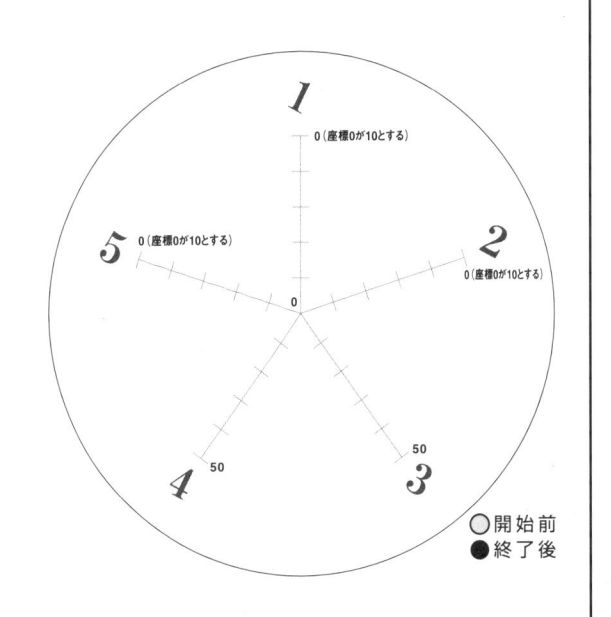

1　0（座標0が10とする）
2　0（座標0が10とする）
3　50
4　50
5　0（座標0が10とする）

○ 開始前
● 終了後

コメント「今後、何をどうすれば良いのか」

監修

財団法人 東京都高齢者研究・福祉振興財団

　高齢者医療及び福祉の向上と、利用者本位の"開かれた福祉"の実現に貢献することを目的として設立された。
　福祉情報の総合的な提供及び広報・普及啓発活動として、福祉関連出版物を多数発行している。

著者

東京女子医科大学 看護学部 地域看護学・東京都老人総合研究所 介護予防緊急対策室 客員研究員

中田晴美（ナカダ ハルミ）

　聖路加看護大学看護学部卒業後、東京都葛飾区にて保健師として勤務。東京医科歯科大学大学院保健衛生学研究科修了(看護学博士)。東京都老人総合研究所客員研究員。
　主な著書：「続介護予防完全マニュアル」(財団法人 東京都高齢者研究・福祉振興財団、共著)、「最新老年看護学」(日本看護協会出版会、共著)。

東京都老人総合研究所 自立促進と介護予防研究チーム 研究副部長

金　憲経（キム ホンギョン）

　筑波大学大学院体育科学研究科修了(体育科学博士)。平成8年同大学体育科学系講師、平成10年より東京都老人総合研究所主任研究員を経て、平成17年より現職。
　主な著書：「ちょっと気になること困ったときのアドバイス」(ぎょうせい、共著)、「高齢者のヘルスプロモーション」(メディカルレビュー社、共著)、「介護予防完全マニュアル」(財団法人 東京都高齢者研究・福祉振興財団、共著)、「転倒予防体操のアクティビティ」(ひかりのくに、共著)、「中高年者のための運動プログラム」(ナップ、共著)。

協力

東京都老人総合研究所 介護予防緊急対策室 室長

大渕修一（オオブチ シュウイチ）

研究協力

東京都老人総合研究所自立促進と介護予防研究チーム 研究員

吉田祐子（ヨシダ ユウコ）

ビジュアル版 介護予防マニュアル 6
楽しく続ける
尿失禁予防のアクティビティ〜運動器の機能向上に〜

2006年10月　初版発行

監　修　財団法人 東京都高齢者研究・福祉振興財団
著　者　中田晴美・金　憲経
発行人　岡本　健
発行所　ひかりのくに株式会社
〒543-0001　大阪市天王寺区上本町3-2-14　郵便振替00920-2-118855　TEL06-6768-1155
〒175-0082　東京都板橋区高島平6-1-1　郵便振替 00150-0-30666　TEL03-3979-3112
ホームページアドレス　http://www.hikarinokuni.co.jp
印刷所　凸版印刷株式会社

©2006　乱丁、落丁はお取り替えいたします。

Printed in Japan
ISBN4-564-43066-1 C3036
NDC369.263　96p　26×21cm